AF192843

Aplicaciones con Patchwork

Idea, dirección de la obra
Jordi Vigué

Textos y realización de proyectos
Mimia Parra

Corrección
Patricia Díaz Morejudo

Fotografías
Tatiana Lopera
Archivo gráfico APEX

Colaboración especial
Lucia Suárez

Agradecimientos
Alicia Parra

Diseño gráfico y maquetación
Estudio gráfico Apex

Coordinación editorial
Miquel Ridola

Preimpresión
Miguel Ángel San Andrés

© SUSAETA EDICIONES, S.A. - Obra colectiva
Tikal Ediciones
C/ Campezo, 13 - 28022 Madrid
Tel.: 91 3009100 - Fax: 91 3009118
www.susaeta.com

Patchwork

TIKAL

Presentación

Si siempre resulta agradable presentar un libro de manualidades por la gran cantidad de valores de todo tipo que en él se contienen y de él se derivan, si se trata, como es este el caso, de un libro de patchwork, el hecho resulta, si cabe, mucho más gratificante todavía.

Como nuestro lector sabe, se llama patchwork al trabajo que se realiza con retales de telas de diferentes tamaños, calidades y/o formas, que se unen, cosidos a mano o a máquina, para crear un objeto: cortina, cubrecama, toalla, camiseta, etc. Pero, muy por encima de esta definición tan escueta, el patchwork lleva implícitas muchas e interesantes características y no pocas ventajas.

Es una manualidad que requiere muy poco instrumental, un trabajo limpio, que se puede dejar o retomar en cualquier momento, perfectamente adaptable a la economía más humilde, hasta el extremo que permite utilizar telas y retales que hayan sobrado y que a lo mejor se guardan, poco menos que olvidados, en cualquier rincón de un armario o contenedor de la casa.

También es una técnica excelente para activar la imaginación y la creatividad, dar vía libre a la improvisación, a practicar y profundizar en el estudio de la proporción y el equilibrio, en la teoría y la combinación de colores, y en valores tales como la composición, la armonía y el conjunto. Y es un terreno propicio como el que más para poner a prueba las propias aptitudes, profundizar en las habilidades artísticas que uno tiene y experimentar nuevos caminos, estilos y opciones.

Gracias al patchwork cualquiera puede obtener trabajos con un toque muy personal, transformar elementos tal vez no especialmente bonitos en atractivos y dotar de una nota de color y viveza a los elementos más sencillos y humildes de uso personal o doméstico.

Todo esto y algo más es lo que ofrece este libro, que constituye una ventana abierta a lo que acabamos de apuntar. En él se ha procurado que no faltaran proyectos de todo tipo (marcados con tres niveles de dificultad) y utilidades (uso personal, decorativo, etc.). Además se acompañan múltiples consejos, los patrones para cada proyecto y explicaciones muy asequibles para el usuario, fruto de la experiencia docente de años de su autora, cuya competencia queda aquí plenamente demostrada.

Ahí va, pues, este libro. Por favor, no lo guarde. Úselo tanto como quiera o, mejor, como le sea posible. Seguro que no se va a arrepentir de ello. No sabe usted lo que le hará disfrutar y lo que le va a ayudar a conseguir.

Sumario

Consejos y aspectos técnicos

Como todo trabajo artístico, también el patchwork tiene sus reglas para conseguir unos trabajos satisfactorios y gratificantes. En este apartado se aportan un conjunto de consejos, ya sea de tipo técnico o práctico. Vale la pena no solo leerlos sino sobre todo aprenderlos, puesto que en ello puede estar en juego además del aspecto final del trabajo, que uno se sienta contento con el resultado, seguro de haber aprovechado el tiempo y con el ánimo bien alto para seguir adelante con nuevos proyectos.

Sobre las telas

Una de las ventajas del patchwork es que permite aprovechar retales que muchas veces se tienen en casa abandonados en un armario.

Debe tenerse en cuenta que no es adecuada cualquier tela para patchwork.

La tela más apropiada es la de algodón.

Para que sea más fácil de planchar y ofrezca un mejor resultado, antes del planchado se recomienda humedecer levemente la tela.

Las telas menos recomendables para el patchwork son los acrílicos y la seda, ya que son más difíciles de trabajar.

Para el patchwork, uno mismo puede elaborar sus propias telas tiñéndolas en batik. Gracias a ello se podrá disponer de unos materiales muy interesantes tanto en colores como en texturas cromáticas.

Para que el trabajo resulte lo más homogéneo posible, se recomienda trabajar con telas de calidad, peso y textura similares.

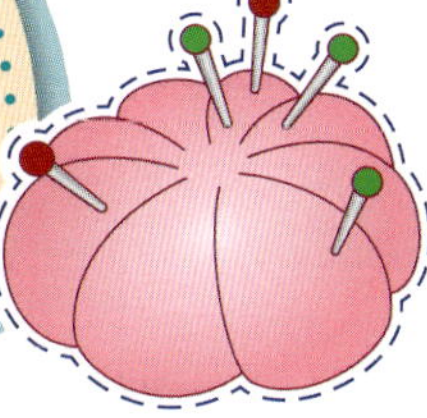

Al utilizar los patrones, siempre deben marcarse por el revés de la tela.

Puntada invisible

1

Se enhebra la aguja y se realiza un nudo de seguridad en uno de los extremos del hilo.

2

Se inserta la aguja de dentro hacia fuera y se saca todo el hilo hasta el nudo.

3

Se inserta la aguja en la otra tela a unir, exactamente a la misma altura en que quedó el nudo, frente a la puntada anterior, y se saca unos milímetros más adelante.

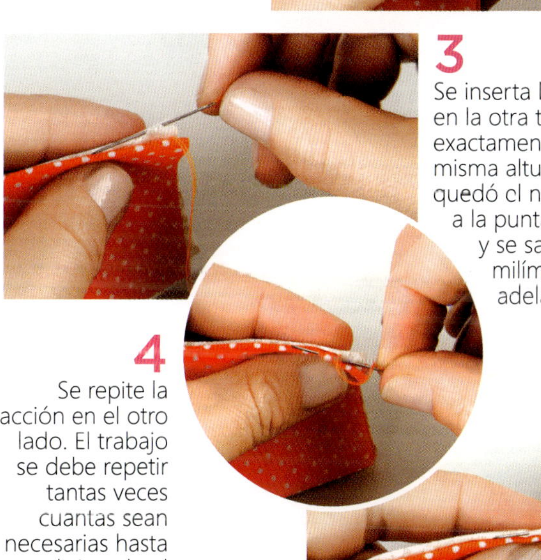

4

Se repite la acción en el otro lado. El trabajo se debe repetir tantas veces cuantas sean necesarias hasta cubrir todo el largo que se desea coser.

5

Si se abre la costura, el aspecto del trabajo deberá ser el que muestra la imagen.

6

A medida que se va cosiendo y tirando del hilo, las costuras quedarán ocultas.

Pespunte o puntada recta

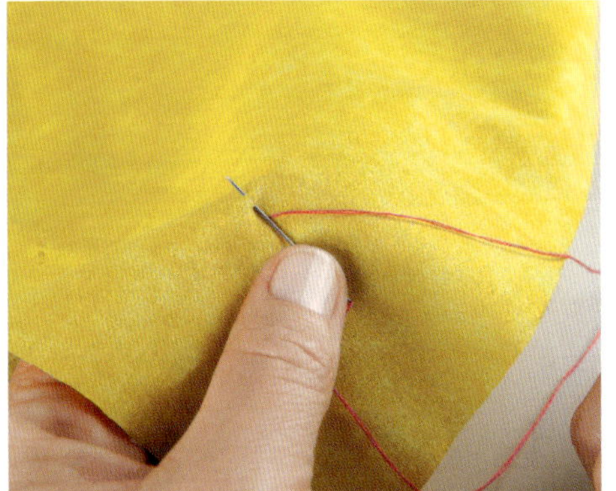

1

Se pasa el hilo enhebrado en una aguja a través de la tela y se sacan después de haber recorrido un tramo muy corto.

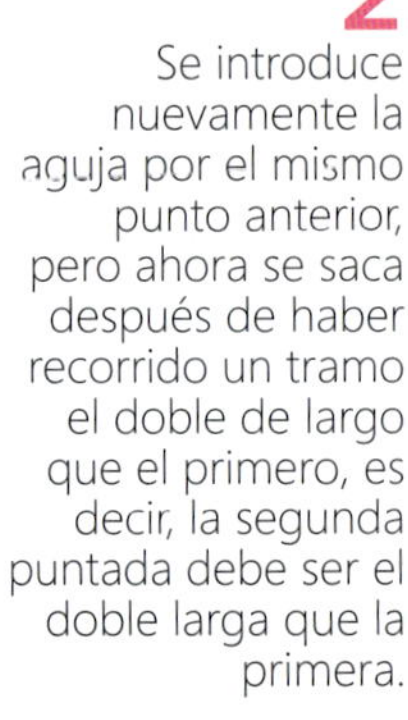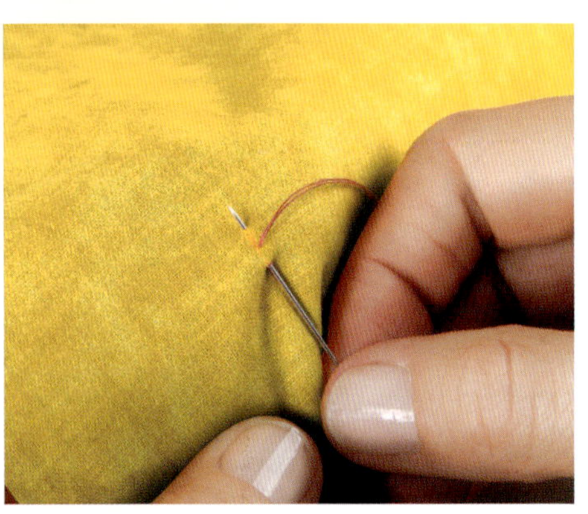

2

Se introduce nuevamente la aguja por el mismo punto anterior, pero ahora se saca después de haber recorrido un tramo el doble de largo que el primero, es decir, la segunda puntada debe ser el doble larga que la primera.

3

Con cuidado, se tira de la hebra, procurando que, al estirar el hilo, la tela no se arrugue.

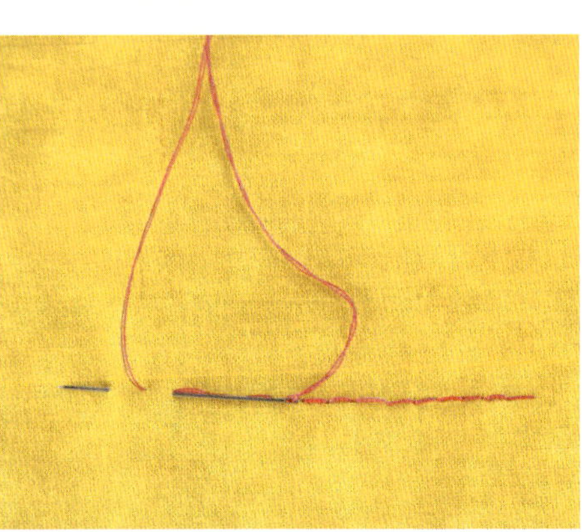

4

Se repite la acción tantas veces cuantas sean necesarias para cubrir todo el recorrido que sea preciso hacer puntadas.

●●● Hilos

Tanto si se trabaja a mano como a máquina, se recomienda utilizar siempre un hilo que sea resistente.

Además de ser de buena calidad, el hilo que se vaya a utilizar no debe enhebrarse en cantidad excesiva en la aguja; si queda muy largo fácilmente se enredará.

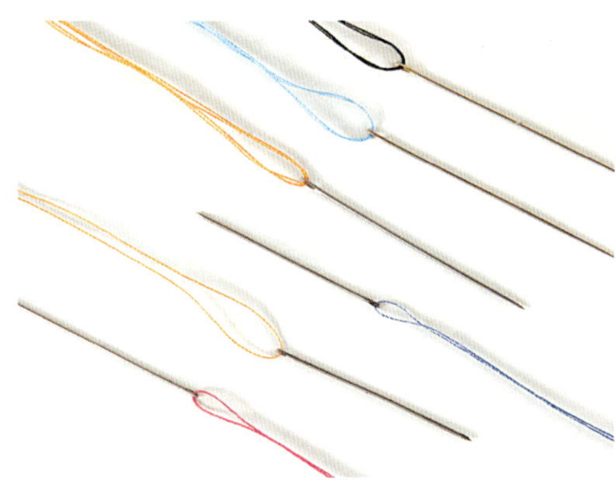

Para evitar que el trabajo se desbarate, debe asegurarse que las costuras queden bien reforzadas al final.

Herramientas necesarias

En esta página se presentan una serie de instrumentos y herramientas que se utilizan habitualmente para los trabajos de patchwork.

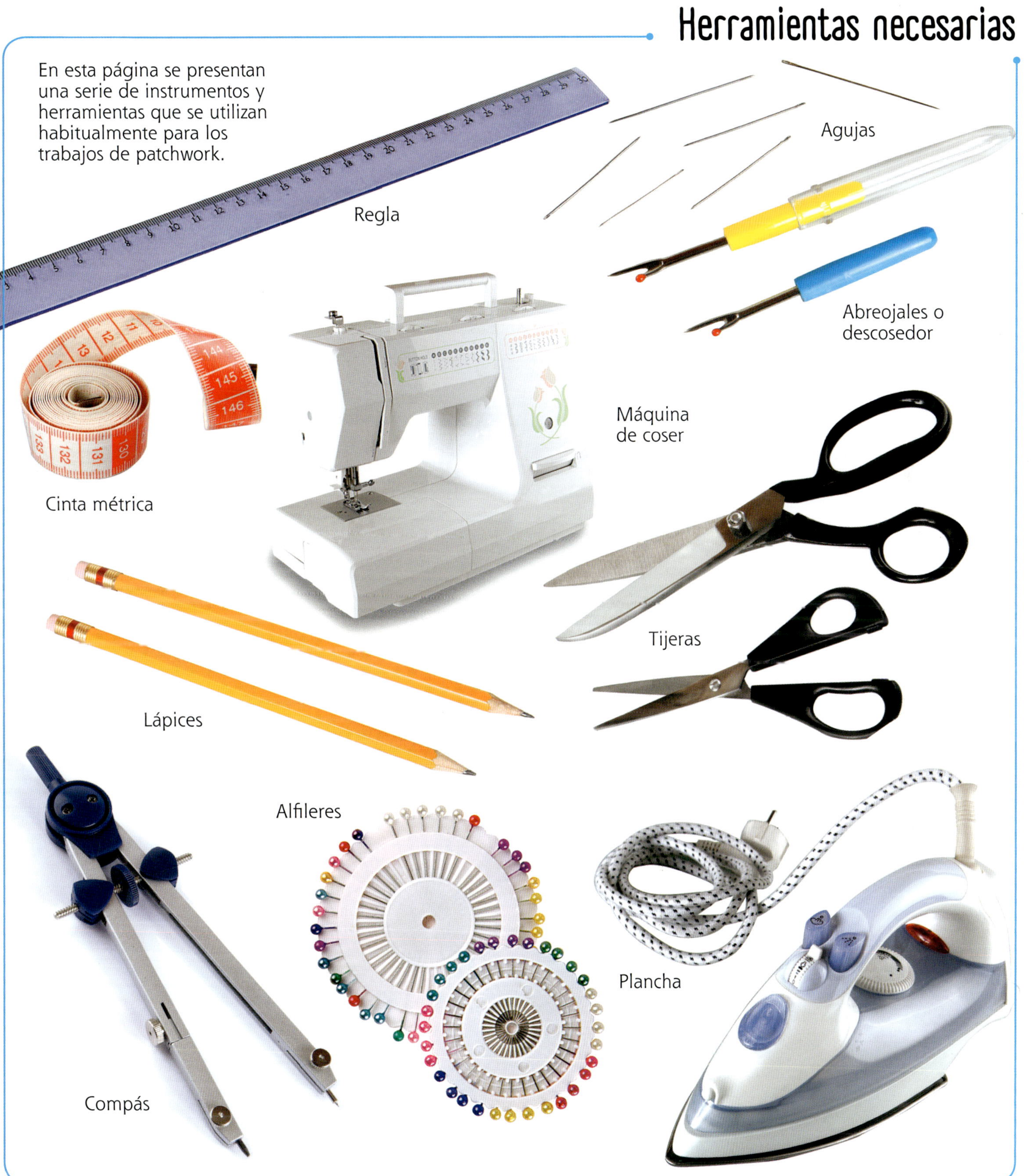

●●● Patrones

Para los patrones se utiliza cartulina, papel vegetal de cierto calibre y papel especial para patrones, además de lápiz y tijeras.

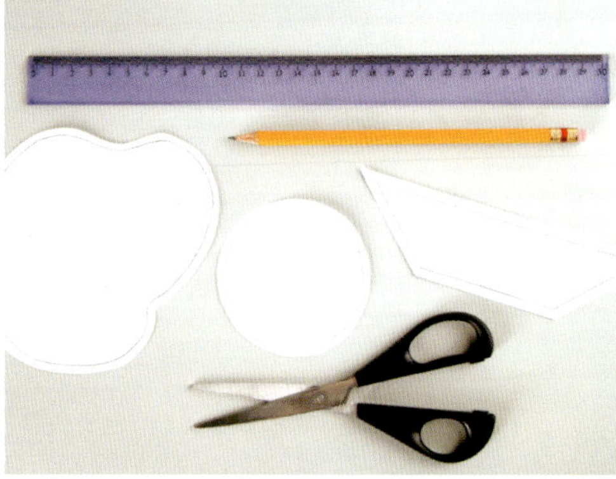
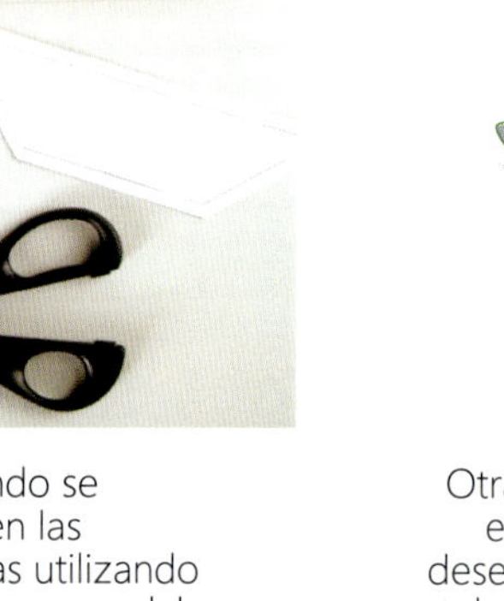

A la hora de cortar las telas partiendo de los patrones, si no se desea marcarlas, se puede cortar directamente, pero en ambos casos dejando siempre unos 5 mm de margen para costura o dobladillo en todo el perímetro .

No corte los patrones directamente de la hoja que acompaña el libro. Será mejor que los calque sobre un papel que transparente y después los recorte con unas tijeras. Así podrá conservar siempre intacta la hoja de patrones original.

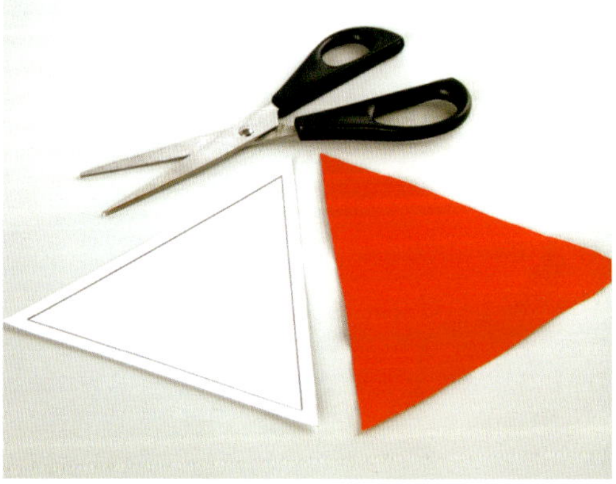

Cuando se corten las piezas utilizando patrones, se debe tener en cuenta siempre dejar un margen de 5 mm.

Otra posibilidad, en caso de no desear marcar las telas, será añadir al propio patrón unos 5 mm de excedente en todo su perímetro y cortar la tela, siguiendo fielmente la marca hecha en dicho patrón.

Para cortar, siempre se deberá colocar la tela sobre una superficie plana y dura.

A la hora de cortar los patrones, deben asegurarse bien las medidas para que pueda garantizarse un buen encaje de todas las piezas.

●●● Confección

La persona que se inicia en patchwork debe empezar con trabajos sencillos y que incluyan piezas también sencillas, preferiblemente cuadradas o rectangulares.

En caso de no dominar bien la combinación de colores, utilice como referencia lo que se indica en el apartado *Teoría y práctica del color* (página 18).

No se debe tensar la tela a la hora de cortarla, puesto que ello hará que sus medidas varíen.

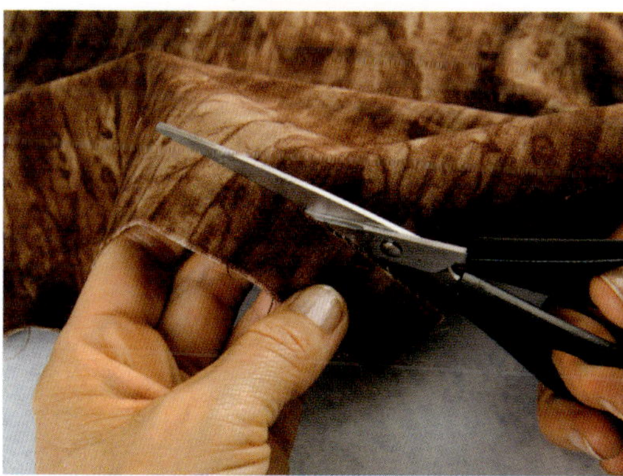

El patchwork es una técnica que puede trabajarse indistintamente a mano o a máquina.

Fruncido

1

Se cosen puntadas de 3-4 mm cada una.

2

Se deja correr la aguja a lo largo del segmento de borde que se quiere recoger.

3

Una vez recogida toda la tela necesaria, se tira de la hebra y, ayudándose con la mano, se procura que quede lo más uniforme posible.

4

Una vez se ha fruncido la tela, se remata cuidadosamente para que quede bien acabada.

En caso de coser a mano, se recomienda trabajar con puntadas pequeñas y seguidas, pero sobre todo rectas. Unas líneas de puntadas irregulares arruinarán cualquier trabajo.

Cuando se trabaja a mano, se recomienda que las piezas se aseguren con alfileres para evitar que se muevan y se dificulte su posterior encaje.

Cuando se vayan a utilizar alfileres para unir las piezas, es preciso evitar que se produzcan arrugas entre alfiler y alfiler.

Cuando se cosa con los alfileres puestos, será necesario hacerlo muy despacio y con cuidado para evitar dañar la máquina.

La unión de dos piezas es lo que más atención requiere, puesto que, si las medidas no se han tomado muy bien, el cosido fácilmente deformará la pieza e incluso alterará los tamaños y no habrá manera de obtener uniones regulares.

Durante el trabajo, se recomienda tener a mano en todo momento la plancha a temperatura media-alta.

Para evitar que las costuras transparenten, se plancharán hacia el lado más oscuro de la tela.

Puntada de cadeneta

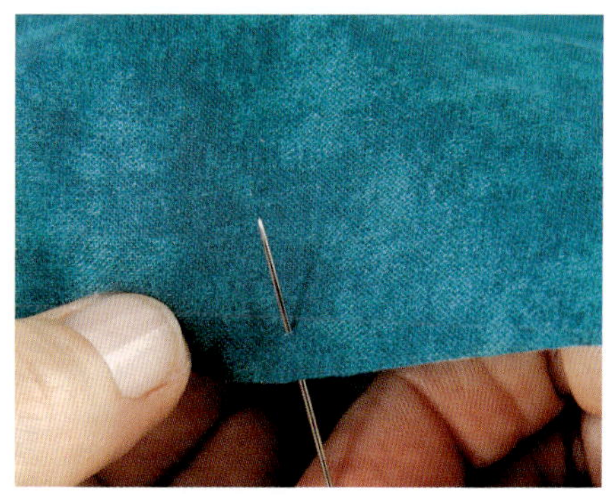

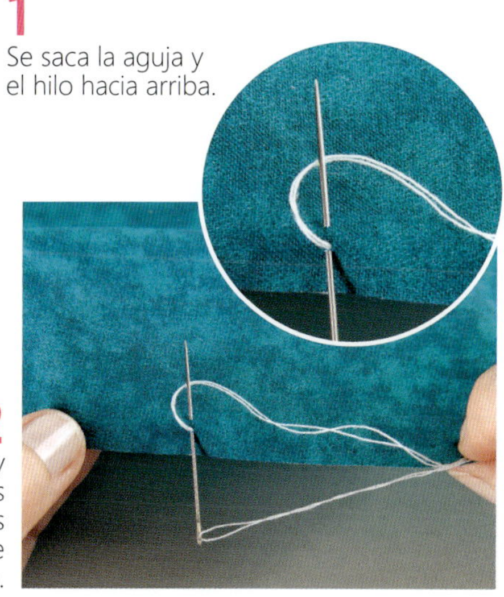

1 Se saca la aguja y el hilo hacia arriba.

2 Se introduce nuevamente la aguja muy cerca del punto por el cual se sacó antes el hilo. Se saca unos milímetros más adelante y se pasa el hilo por debajo de la aguja, formando una especie de lazo.

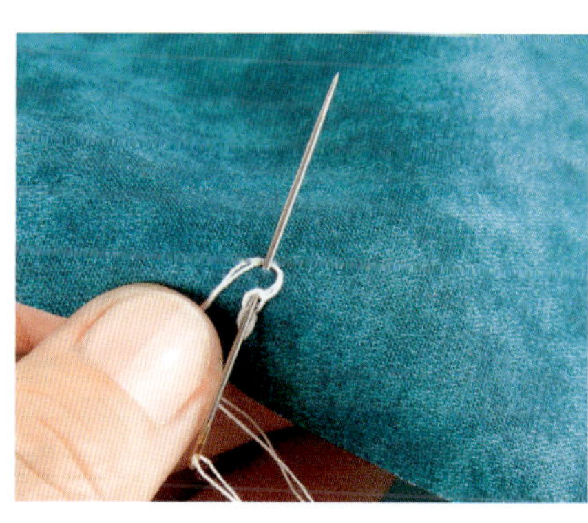

3 Con cuidado se tira del hilo y se forma el primer anillo.

4 Se introduce la aguja dentro del anillo, muy cerca del punto anterior y se saca unos milímetros más adelante, asegurando que el hilo quede debajo de la aguja.

5 Se tira nuevamente del hilo, cuidando de no excederse en la fuerza que se ejerza para conseguir que el anillo quede en relieve y redondo.

6 Se repite el proceso tantas veces cuantas sean necesarias para cubrir todo el recorrido que se requiera.

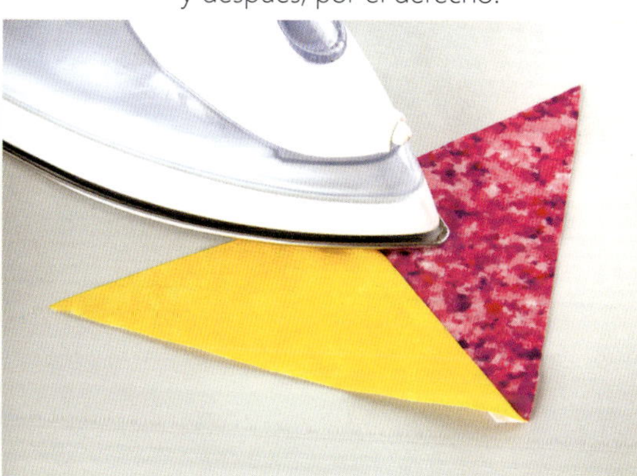

Las costuras siempre deben plancharse primero por el revés y después, por el derecho.

Nunca olvide que una buena elección de telas y una acertada combinación de colores constituyen dos factores decisivos de cara al resultado final. Ello quiere decir que, antes de empezar un trabajo, es muy importante dedicar un tiempo a pensar en cómo se va a proceder, pero también con qué materiales y colores se va a trabajar.

El color. Teoría y práctica

Puesto que el patchwork es una técnica artística cuyas creaciones son eminentemente visuales, el tratamiento que se hace del color es determinante. Por eso, en este apartado se exponen algunos conceptos sobre el color que confiamos ayuden a utilizarlo con resultados satisfactorios.

P: primario
S: secundario
T: terciario

Tipos de colores

- Colores primarios: son colores puros, brillantes y vivos, que no son resultado de la mezcla de otros colores. Son el rojo, el amarillo y el azul.
- Colores secundarios: son resultado de la mezcla de dos colores primarios: naranja (rojo + amarillo), verde (amarillo + azul) y violeta (rojo + azul).
- Colores terciarios: se forman combinando un color primario con uno de los secundarios adyacentes. Se trata de colores que sirven de intermediarios para pasar de un tono a otro.
- Colores complementarios: son aquellos colores que se encuentra en lugar opuesto en el círculo cromático, como el verde con el rojo.
- Colores fríos: aquellos que tienen una dominante azul.
- Colores cálidos: son los que tienen una dominante de amarillo o rojo.
- Colores neutros: entre ellos se cuenta toda la gama de grises que va del blanco al negro, además de la gama de marrones. Son colores que generalmente combinan bien con todos los demás.

Contraste

- Es la cualidad gracias a la cual un objeto logra destacar entre aquellos que tiene a su lado.

- Si se desea que un elemento resulte contrastante, se tiene que cuidar que el color de sus vecinos no anule el suyo.

- Para que contraste intensamente, un color vivo, brillante debe acompañarse de colores más apagados y grises.

- Un buen recurso para conseguir que un color aumente visualmente su intensidad es ponerlo sobre un fondo muy oscuro, si se trata de un color claro, o sobre un fondo muy claro, si por el contrario es un color oscuro.

- En patchwork se recomienda dotarse de un amplio muestrario de telas de diferentes tonos y colores, debidamente ordenadas. Esto será de gran ayuda para la selección previa a cada proyecto.

- El tema del contraste tiene mucho que ver con la muestra (puntos, aguas, motivos vegetales) que a veces incorpora la tela. De acuerdo con esto, se recomienda realizar diferentes pruebas para descubrir cuáles son las telas más adecuadas en cada caso.

Un cojín es uno de estos elementos que nunca faltan en cualquier casa. Además puede cumplir mil funciones (decoración, acomodo, etc.) y admite todo tipo de formas, motivos decorativos, etc. Se ha optado por una decoración muy simple, fácil de realizar y, en cambio, muy colorista y llamativa. Esperemos que, a la vez que nos sirva para irnos introduciendo en la técnica del patchwork y de sernos de utilidad una vez terminado, nos haga pasar unos momentos agradables mientras lo realizamos.

- 2 cuadrados de 50 x 50 cm (fondo)
- 10 pétalos de 5 colores cada uno de 10 x 15 cm
- 1 círculo de 10 cm
- relleno

●●● Preparación

1

Para el motivo decorativo de este proyecto se van a utilizar varias telas de colores diferentes. En cada una de ellas y utilizando los patrones correspondientes, se cortan dos pétalos.

2 Se cosen las dos telas de base del cojín por los cuatro lados, aunque dejando sin coser unos 10 cm para darle la vuelta y luego rellenar el cojín). Se doblan por la mitad y luego de nuevo por la mitad, marcando cuatro cuadrados. Luego se planchan para que los pliegues queden bien marcados.

He aquí un dibujo esquemático del cojín. Los patrones se encontrarán en la hoja 1, cara 1, donde se han dibujado en color marrón oscuro.

3 Se hilvana un dobladillo en todos los pétalos.

4 Una vez hilvanados todos los pétalos, se utilizan los pliegues de la tela de la base como guía y se presentan sobre la tela para asegurar que su disposición sea correcta y que la disposición de los colores resulte armoniosa.

●●● **Montaje de la flor**

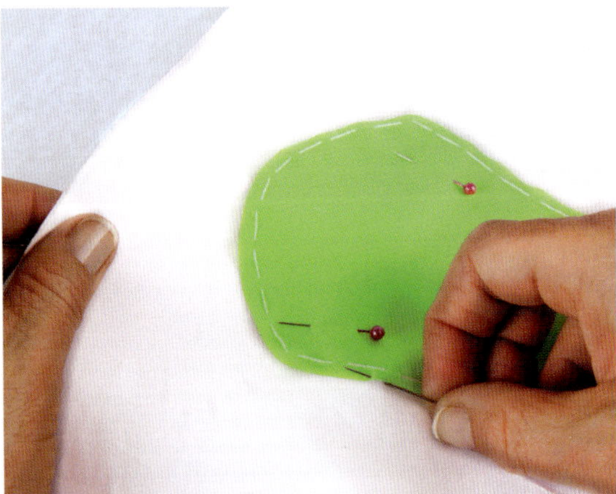

5
Con puntada invisible se cosen los pétalos a la tela de base.

Para disponer correctamente las diferentes telas, es necesario seguir algunas reglas: evitar que coincidan dos telas de color cálido o de color frío, cuidar la alternancia de telas lisas con telas que contengan un motivo o muestreadas, que el conjunto de todas ellas describa una línea de perfil regular y que el aspecto general del motivo resulte equilibrado. Para conseguir todo esto, es importante poner cuidado a la hora de hacer la presentación del conjunto antes de coser.

6
Se corta el hilván..

7
Se retira el hilo.

En este tipo de composiciones puede resultar difícil lograr que el motivo decorativo quede bien centrado. Por ello se hicieron los pliegues en la tela de base. Ellos serán una ayuda decisiva para conseguir este objetivo.

8
Se plancha cada pétalo a medida que se va terminando.

9 Se van cosiendo todos los pétalos en la tela de base.

10 Una vez cosidos todos los pétalos, se plancha el conjunto.

11 Este es el aspecto que tiene la flor una vez cosidos y planchados todos los pétalos.

Botón central

12 Para el botón central de la flor se utiliza una tela de color oscuro para que contraste, que se cose con puntada invisible.

13 Una vez cosido, se plancha el botón.

14 Este es el aspecto de nuestro cojín en este momento.

●●● Relleno

15
Se rellena el cojín con guata.

A la hora del relleno, debe cuidarse que este quede lo más uniforme posible.

16
Con puntada invisible, se cose a mano el espacio por el cual se ha introducido el relleno.

A la hora de calcular el relleno del cojín deben tenerse en cuenta dos intereses básicos: cuál va a ser el uso que se va a hacer de él y también que no quede ni excesiva ni tampoco insuficientemente lleno.

17
Así es como ha quedado el cojín una vez terminado.

Guante
de cocina

Además de sencillo, el proyecto que se propone en este apartado es práctico. Con unos pocos elementos, un motivo decorativo universal y simple (yin y yang) y un trabajo que nos va a ocupar poco tiempo, podremos disponer de un complemento útil y personalizado.

Uno de los aspectos que deben cuidarse especialmente en este proyecto es el corte y colocación del motivo decorativo. Téngalo presente y proceda con cuidado.

- 2 rectángulos de 30 x 20 cm (parte exterior)
- 2 rectángulos de 29 x 19 cm (forro)
- 2 rectángulos de guata de 29 x 19 cm

Aquí se presenta el patrón del guante, que se encontrará a tamaño real en la hoja 1, cara 1, donde aparece dibujado en color azul intenso.

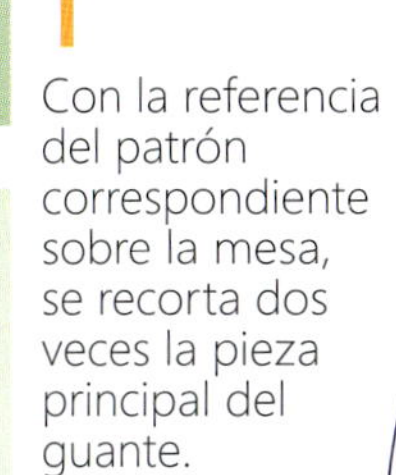

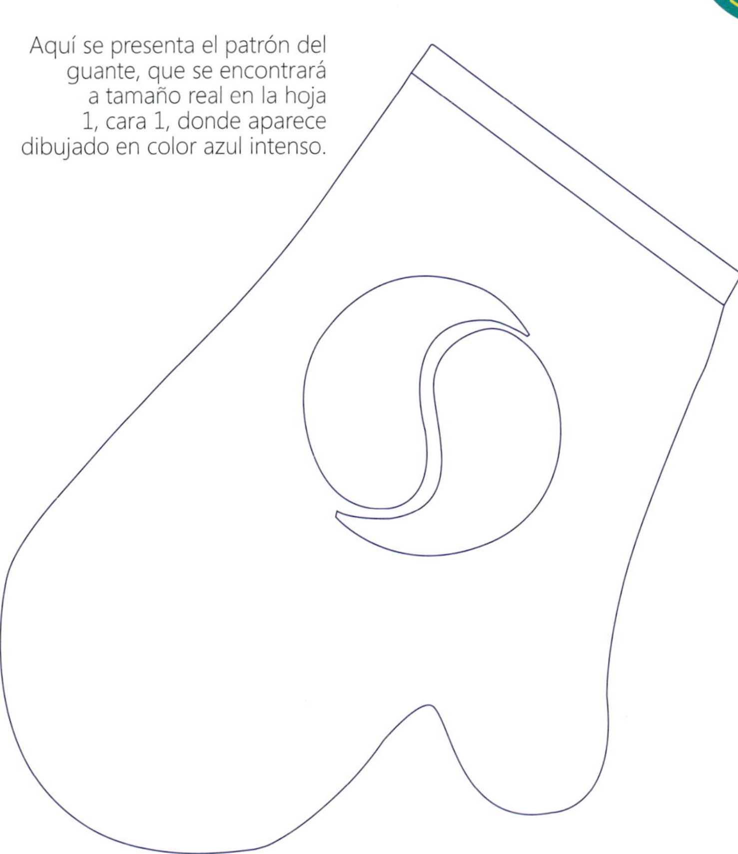

1

Con la referencia del patrón correspondiente sobre la mesa, se recorta dos veces la pieza principal del guante.

2

También se recortan el forro y la guata dos veces cada uno.

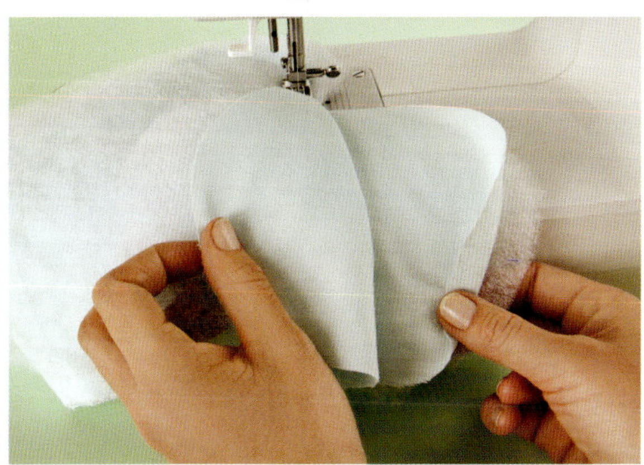

3

En telas de color diferente, se recortan las dos piezas que forman el motivo decorativo (yin y yang) del guante.

4

Se realiza un sándwich con este orden: guata, las dos piezas del forro y la otra guata, y se unen con una sola costura.

5 Se cosen las piezas del forro con la guata, siguiendo todo el borde, salgo la abertura de la mano.

6 Por todo el perímetro se recorta la guata sobrante.

7 Se deja el forro con la guata lo más pulido posible.

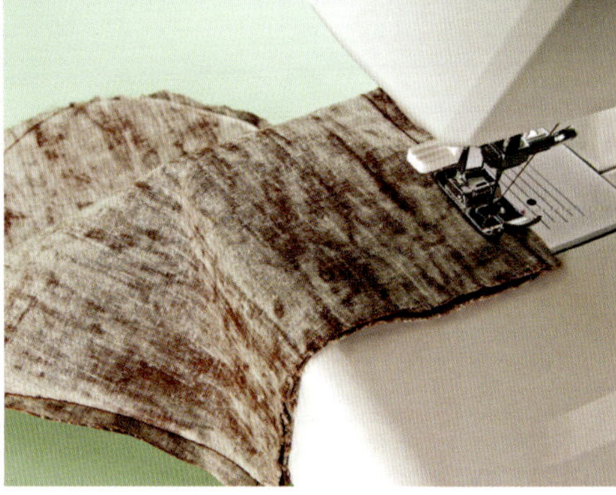

8 Con la máquina de coser se unen las dos partes del guante, cara sobre cara.

Aunque no sea absolutamente necesario, si, llegado a este punto, se practica un corte en el guante para ubicar mejor el dedo pulgar, a la hora de dar la vuelta al guante para armarlo debidamente, se facilitará el trabajo y se garantizará un mejor aspecto.

9 Se da la vuelta al guante.

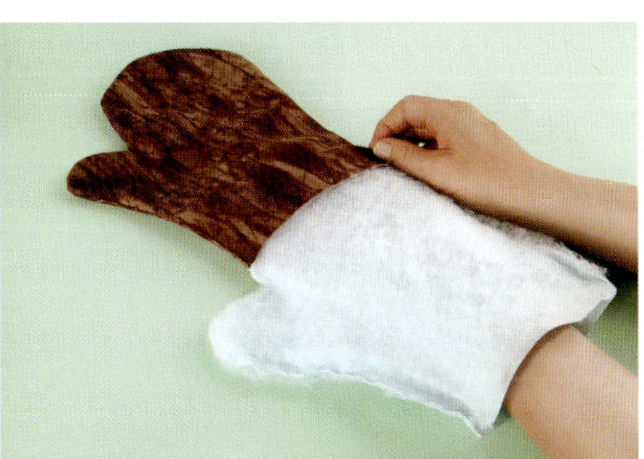

10

Se introduce la pieza del forro en el guante, procurando que la guata y el forro queden bien encajados.

11

Se acomoda bien el forro y la guata dentro del guante.

12

Con la máquina de coser y a la altura de la abertura se unen las dos partes, guante y forro, conservando la abertura.

13

Se cortan las hebras y la tela (forro, guata, guante) que sobre.

●●● Acabado

14

Este es el aspecto que ofrece el guante en esta fase.

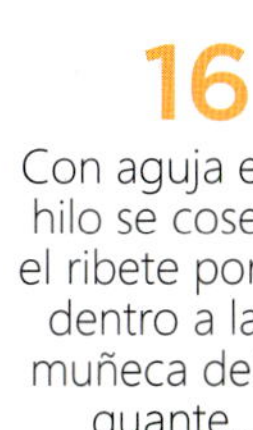

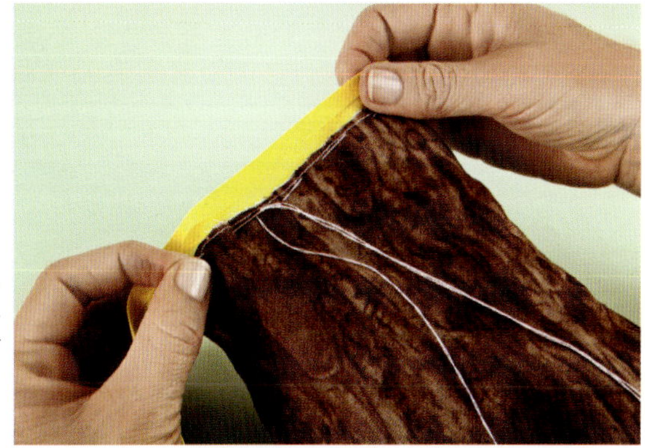

15

Se calcula el ribete que se necesita para el acabado de la muñeca del guante.

16

Con aguja e hilo se cose el ribete por dentro a la muñeca del guante...

17

... y luego se dobla y se coloca delante, con un doblez metido para ocultar los bordes, y se cose a máquina.

18 Se presenta el adorno sobre el dorso del guante.

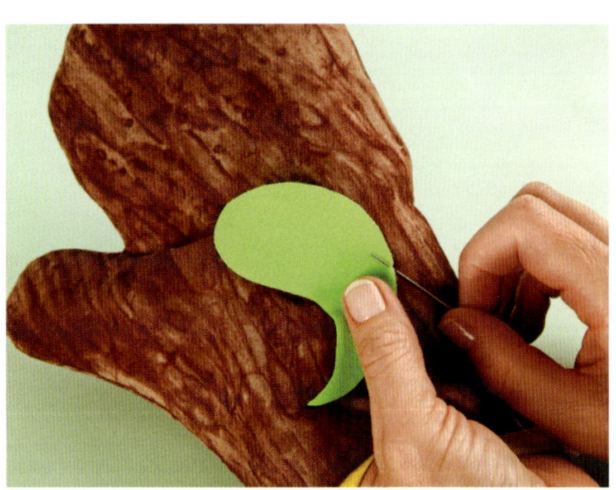

19

Con puntada invisible se cosen las dos piezas del yin y el yang.

20

Con esto nuestro guante se da por terminado.

Aunque se trate de un proyecto sencillo, conviene realizar cada operación con el mayor cuidado. Cualquier trabajo siempre quedará mejor si se ha elaborado con meticulosidad. Y además se notará en el resultado final.

Un proyecto sencillo nunca debe ser sinónimo de poco importante, sin atractivo o falto de interés. El proyecto que se propone en este apartado creemos que es una buena muestra de ello. Precisamente uno de los mayores méritos de cualquier trabajo de artesanía consiste en saber sacar el máximo partido de algo que, a primera vista, daba poco de sí. Todo es cuestión de ingenio, imaginación y algo de buen gusto. Y naturalmente atención, cuidado y meticulosidad.

Toalla

- 1 cuadrado de 30 x 30 cm (alas superiores)
- 1 cuadrado de 20 x 20 cm (alas inferiores)
- 2 cuadrados de 10 x 10 cm (diferentes colores para los cuerpos y adornos de las alas)
- 1 toalla

Preparación

1

Utilizando como base los patrones, se cortan todas las piezas que se van a necesitar.

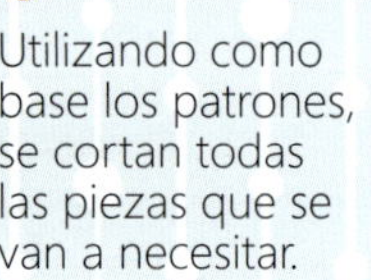

2 Se colocan las piezas como se indica sobre la toalla para presentarlas y estudiar su distribución.

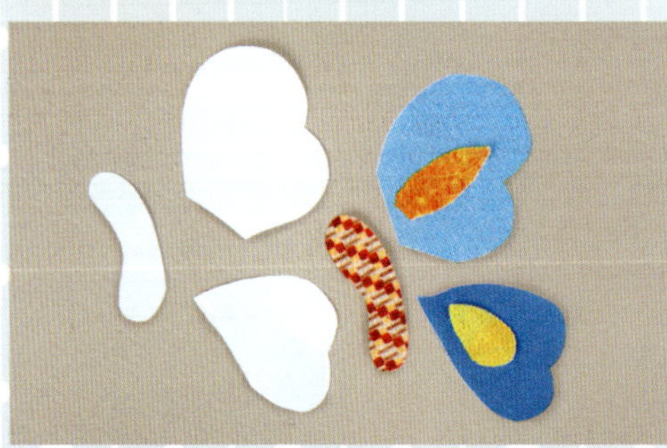

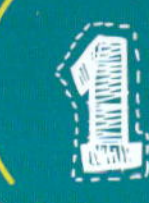

Este es el dibujo base de nuestro proyecto. Los patrones correspondientes se encuentran en la hoja 1, cara 1, donde figuran dibujados en color rosa intenso.

3

Es necesario poner atención a esta fase del proceso, para que la mariposa quede bien diseñada, y también perfectamente situada en la toalla.

●●● Confección de la mariposa grande

4 Con puntada invisible se cosen las piezas sobre la toalla.

5 Una vez cosidas, se planchan por encima.

6 Se colocan las piezas en amarillo anaranjado y claro que sirven de adorno a las alas y se cosen.

Para el cosido de las piezas de la mariposa se recomienda utilizar hilos que sean de un color lo más parecido posible al de la pieza que se está cosiendo.

7

Se plancha por encima, procurando que todas las piezas queden bien planas sobre la toalla.

Al coser el cuerpo sobre las alas de la mariposa se pueden cubrir o disimular cualquier imperfección que se haya producido al cortar las alas o al distribuirlas.

8

Se coloca el cuerpo de la mariposa en su espacio correspondiente y a continuación se cose.

Colocación de una segunda mariposa

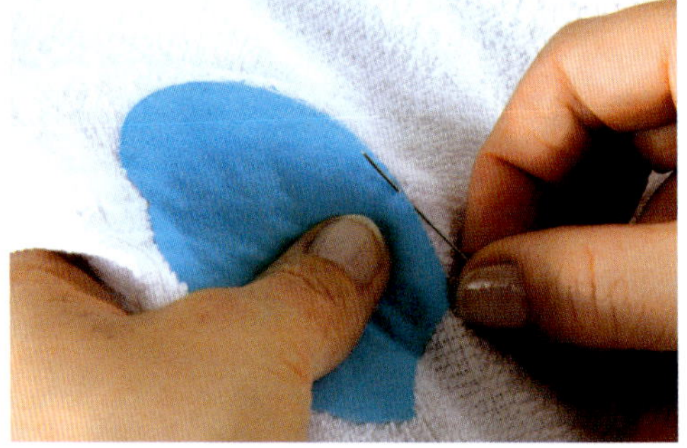

9 Se presenta la segunda mariposa, más pequeña, a un lado y a un nivel algo superior al de la anterior.

10 Con puntada invisible se cosen las piezas de la segunda mariposa.

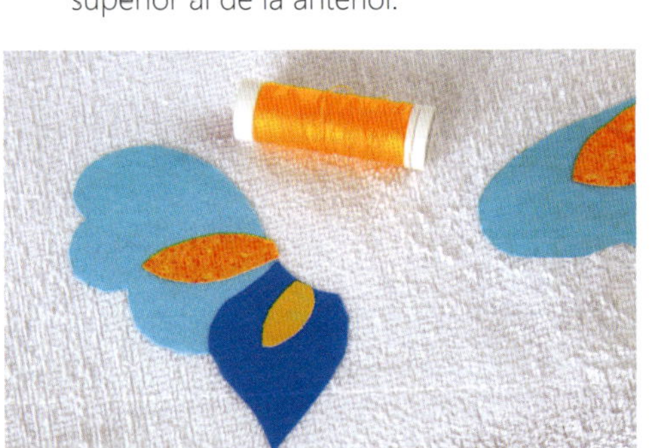
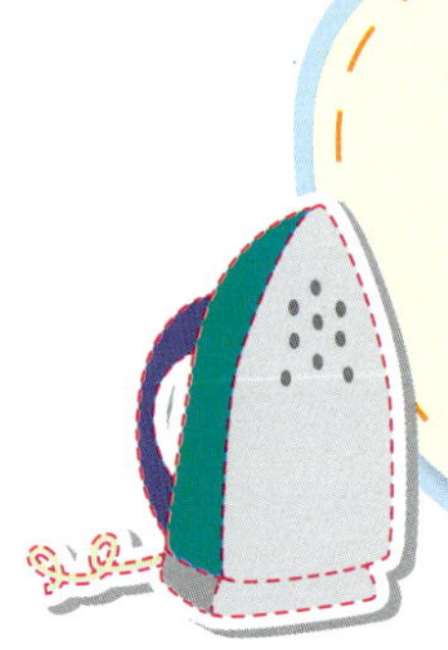

Una vez terminada cada fase del trabajo, no olvide pasar la plancha para que las piezas que se hayan colocado queden bien planas y acomodadas en su lugar correspondiente.

11 Sobre las alas se cosen ahora los adornos de color amarillo.

12

Se coloca ahora el cuerpo de la mariposa sobre las alas y luego se plancha.

13

Este es el aspecto que ofrece el trabajo en esta fase del proceso.

●●● Acabado

14

Siguiendo el mismo proceso para la confección de las mariposas anteriores, se realiza la tercera.

A veces surge la necesidad de añadir o quitar algún elemento para lograr que el conjunto quede mejor. Este podría ser, por ejemplo, el caso de estas dos mariposas. Si no nos gusta el espacio vacío que ha quedado entre ellas, se puede pensar en añadirle otro elemento. En este caso vamos a colocar una tercera mariposa, más pequeña, para que produzca la sensación de encontrarse más alejada.

15

Se coloca la pequeña mariposa en su lugar oportuno para completar el conjunto.

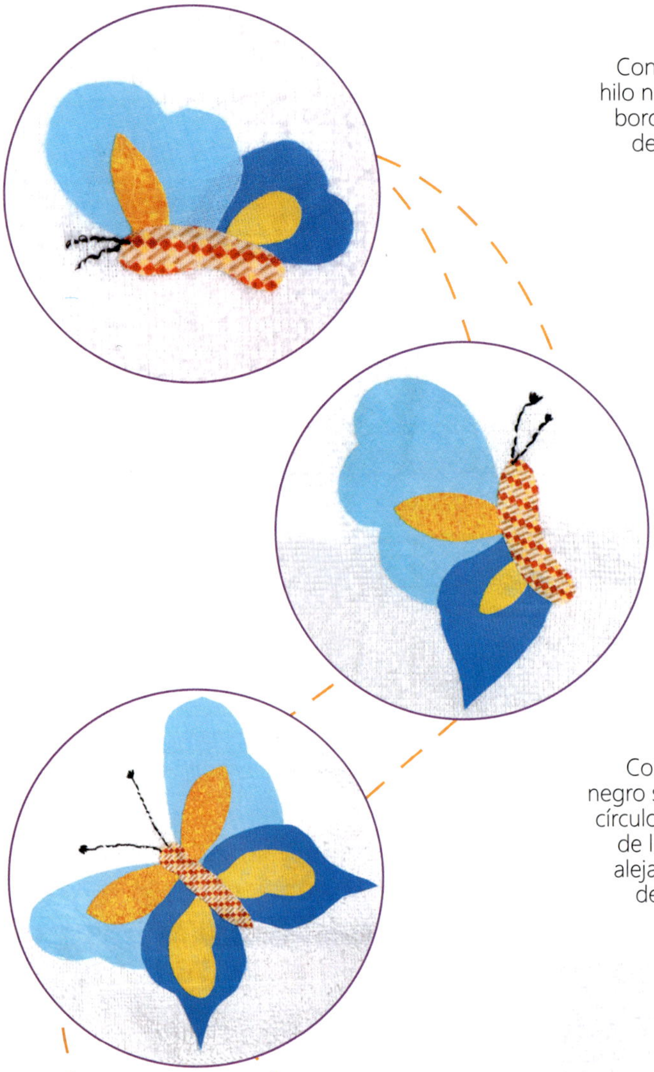

16

Con puntada lisa e hilo negro grueso se bordan las antenas de las mariposas.

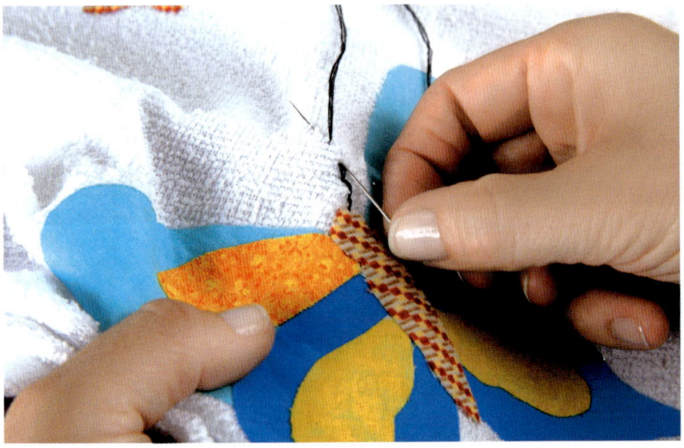

17

Con el mismo hilo negro se bordan unos círculos en las puntas de las antenas más alejadas del cuerpo de las mariposas.

Antes de confeccionar las antenas de las mariposas, tenga en cuenta las medidas de estas para decidir correctamente su tamaño.

18

Este es el resultado final de nuestro trabajo.

Cojín con flores

En el patchwork es esencial la imaginación, la creatividad, buscar, experimentar... Si uno observa, reflexiona y se deja llevar por la improvisación, casi seguro que algo interesante se le ocurrirá. Cuanto estamos comentando puede aplicarse al trabajo que ahora se presenta. Es simple, espontáneo y, combinado con un juego de colores, resulta atractivo. Además hemos obtenido un cojín, un elemento multiuso que nos va a aportar una nota de dinamismo y luminosidad allí donde se coloque.

- 1 cojín de 50 x 50 cm
- 2 círculos de 20 cm
- 9 círculos de 15 cm en 4 colores
- relleno
- 11 botones

●●● Preparación de las flores

1 Se cortan círculos de diferentes tamaños en telas de varios colores.

2 Con aguja fina e hilo resistente se va frunciendo la tela (página 15) a 5 mm del borde para evitar que se deshilache.

3

A medida que se
va cosiendo,
se recoge la tela.

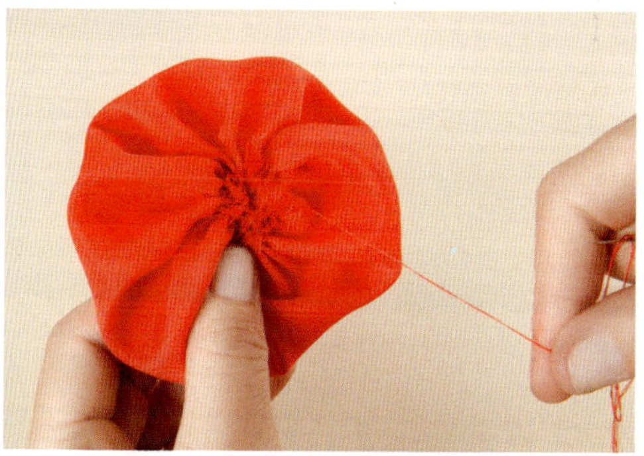

4

Cuando se ha
completado el
círculo que ha
recorrido el hilo, se
termina el frunce y
se remata bien.

Este es el dibujo de base del cojín que vamos a realizar. Los patrones que nos van a servir para confeccionar las flores se encuentran en la hoja 1, cara 1, dibujados en color azul celeste.

En este tipo de trabajos es absolutamente imprescindible cuidar mucho y bien los colores y la manera en que estos se combinan y distribuyen para lograr un conjunto alegre y colorista.

5 Se repite el proceso con otra tela de otro color.

Los botones de las flores, además de servir para completarlas, constituyen un elemento de contraste que ayudará a dar vida al conjunto. En su combinación debe ponerse en juego la imaginación.

6

Siguiendo el mismo proceso,
se realizan tantas flores
cuantas sean necesarias.

●●● Colocación de los botones

7

Se utilizan botones de diferentes colores, para que combinen bien con las flores.

8

He aquí una serie de flores con sus botones correspondientes, ya elegidos.

●●● Distribución de las flores

9 Una vez realizada la presentación, se va cosiendo cada flor, aprovechando los agujeros de su botón correspondiente.

10 Para garantizar una mejor fijación de cada flor al cojín, se cosen también los bordes de la flor.

No debe armarse el conjunto sin realizar previamente una presentación, distribuyendo las flores realizadas, procurando que los colores y los tamaños queden bien repartidos por toda la superficie del cojín. Además debe evitarse que el conjunto quede excesivamente abigarrado o, por el contrario, demasiado vacío.

Para coser las flores al cojín, se recomienda utilizar un hilo de color lo más parecido posible al de la flor correspondiente.

11

Este es el resultado final de nuestro trabajo.

Agarrador

una de las posibilidades que ofrece el patchwork es obtener complementos bellos de utensilios cotidianos. Tal es el caso del proyecto que aquí se propone. Convertiremos un elemento tan simple como un agarrador en un objeto más simpático, colorido y atractivo. Aquí va nuestra propuesta.

- 2 cuadrados de 25 x 25 cm (cuerpo de la mariposa)
- 2 cuadrados de 25 x 25 cm (alas de la mariposa)
- 1 cuadrado en guata de 24 x 24 cm (cuerpo de la mariposa)
- 2 rectángulos en guata 12,5 x 12,5 cm (alas de la mariposa)
- 2 círculos de 20 cm
- 2 círculos de 15 cm
- 1 metro de bies

●●● Preparación de las piezas

1 Para el cuerpo de la mariposa se cortan dos piezas de tela y una de guata prensada.

2 Se cortan dos piezas grandes circulares y otras dos más pequeñas, que servirán para los adornos de las alas.

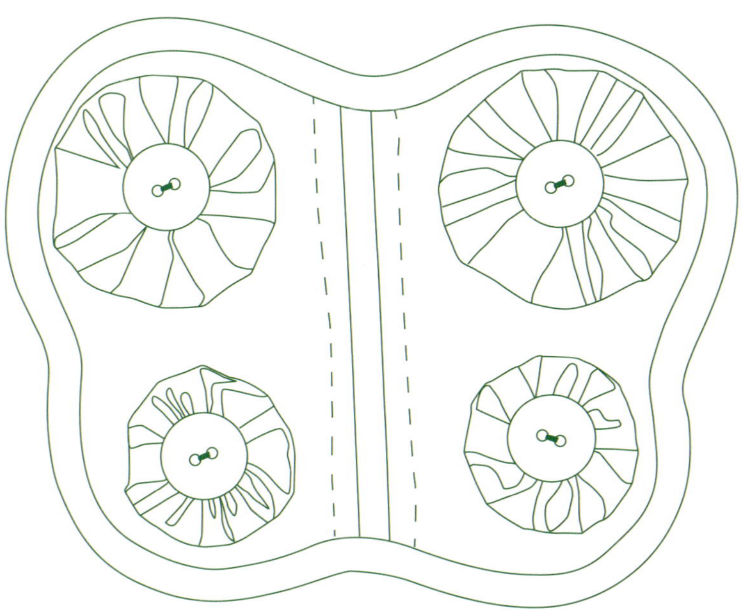

Este es el dibujo base del agarrador que se va a realizar. Los patrones a tamaño real se presentan en la hoja 1, cara 1, donde aparecen dibujados en color verde oscuro.

Cuando se hayan unido las telas con la guata, es necesario cortar el sobrante. Esto le otorgará un mejor acabado.

●●● Cuerpo de la mariposa

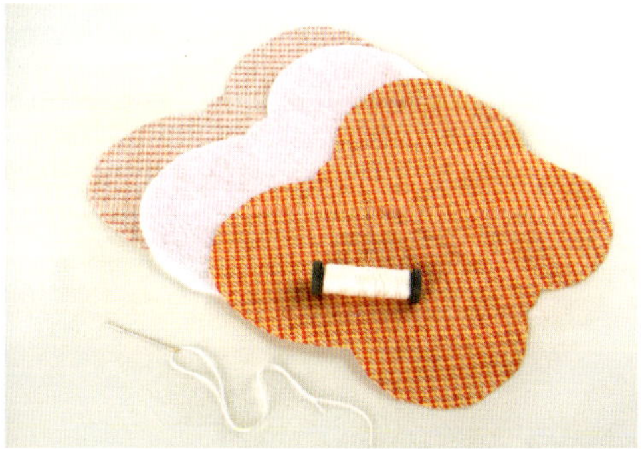

3 Para armar el cuerpo de la mariposa se toman las dos piezas de tela entre las cuales se coloca la pieza de guata prensada.

4 Se superponen las tres piezas y, con aguja e hilo, se hilvanan de manera que coincidan al máximo.

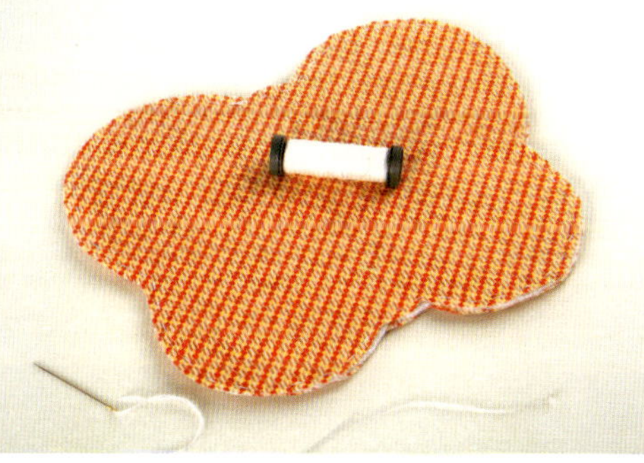

5 Así es cómo debe quedar el cuerpo de la mariposa en esta fase del proceso.

●●● Alas de la mariposa

6 Con el mismo patrón que se utilizó para cortar el cuerpo, ahora se cortan dos alas en la misma tela.

7 Para el relleno de las alas se utiliza el mismo patrón del cuerpo. Se recorta 1 pieza de guata prensada y se corta por la mitad.

8 Se toma la pieza de tela de las alas, se dobla por la mitad y se plancha para marcar el doblez.

9 Se abre la tela, se coloca la mitad de la guata en un lado y se vuelve a doblar la tela para cubrir la guata.

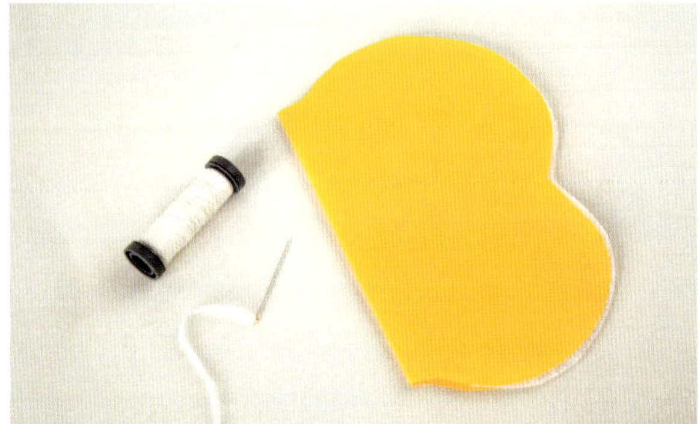

10 Se hilvanan los bordes del sándwich.

11 Se procede de la misma manera con la otra ala y se recortan los sobrantes de guata de ambas.

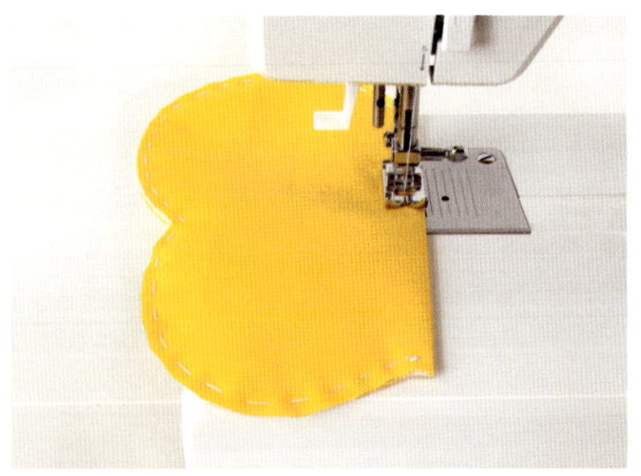

12 Con la máquina de coser se pasa una costura de arriba abajo en la parte que va a quedar hacia afuera.

●●● Adorno de las alas

13

Se toman las piezas circulares cortadas anteriormente y, con aguja e hilo, se hilvana a unos 5 mm del borde en todo su perímetro (página 15).

14 Cuando se acabe el hilvanado, se deberá tirar de la hebra hasta cerrar el círculo para fruncir.

15 Hasta donde sea posible, se aprieta la hebra y se remata.

16 La acción se repite en las otras piezas circulares.

17

Para adornar se utilizan botones de colores contrastantes.

18 Se cosen a las alas de la mariposa...

19 ... y se rematan bien.

20 Se repite el proceso en la otra ala.

21 Una vez adornadas las dos alas, se colocan sobre el cuerpo de la mariposa.

22 Con aguja e hilo se unen las alas al cuerpo.

●●● Acabado

23 Se utiliza un bies de un color que contraste para adornar el borde de la mariposa.

24 Como son muchas las telas que se deben unir al cuerpo de la mariposa, se recomienda hacerlo primeramente con aguja e hilo.

Para conseguir un mejor acabado, se recomienda realizar el cosido también a máquina.

25 Se repite el procedimiento por encima para asegurar un buen resultado.

26 Esta imagen ilustra la manera de utilizar el agarrador.

27 Este es el aspecto final que presenta nuestro agarrador.

El patchwork es capaz de convertir un objeto de uso cotidiano en algo alegre y divertido. Tal es el caso del proyecto que se propone en este apartado. Un delantal es una de las prendas que más se utilizan en determinados quehaceres del día a día. Ahora lo luciremos gustosamente gracias a un divertido diseño y atractivo colorido.

Delantal

- 1 rectángulo de 50 x 100 cm (cuerpo)
- 1 rectángulo de 30 x 25 cm (bolsillo)
- 1 rectángulo de 10 x 20 cm (cuerpo del caracol)
- 1 círculo de 18 cm
- 1 círculo de 16 cm
- 1 círculo de 14 cm
- 1 círculo de 12 cm
- 1 círculo de 10 cm (diferentes colores para el cuerpo del caracol)
- Bies
- Ojos para tela

●●● Preparación de las piezas

1 Se cortan las piezas correspondientes al delantal y al bolsillo.

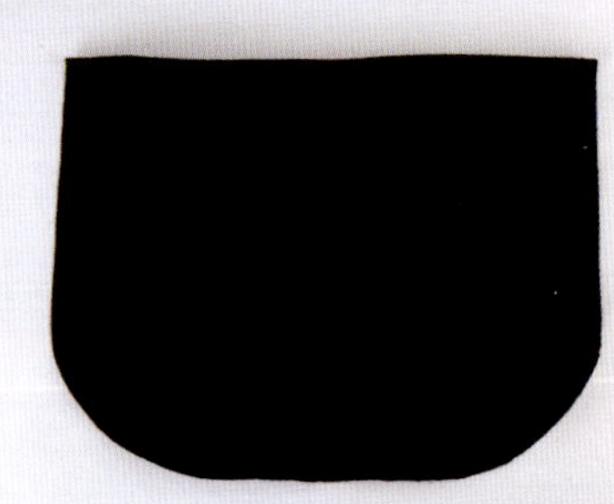

2 Se presentan las dos piezas cortadas.

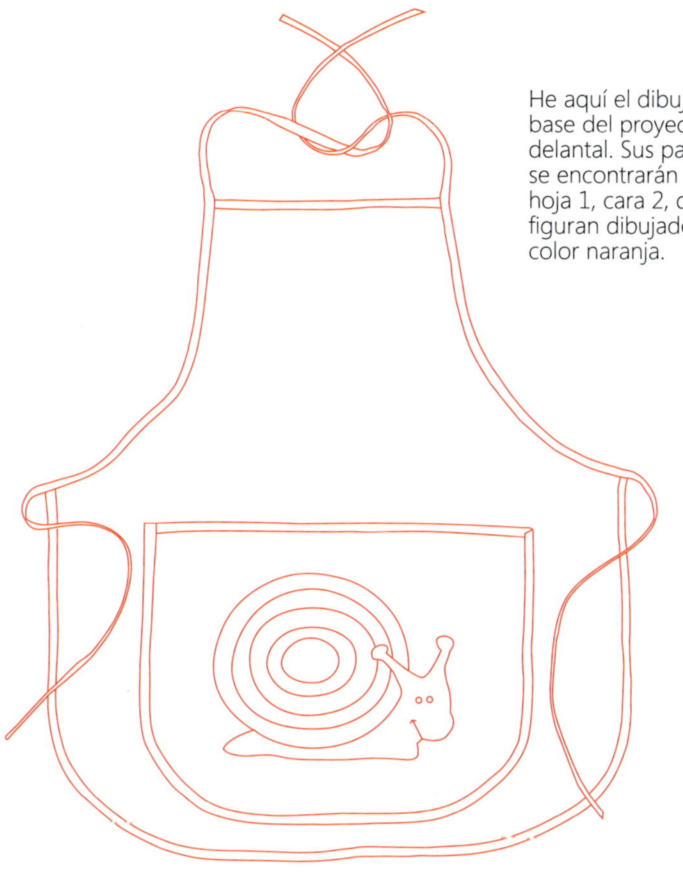

He aquí el dibujo de base del proyecto del delantal. Sus patrones se encontrarán en la hoja 1, cara 2, donde figuran dibujados en color naranja.

Las piezas que van a formar el caparazón del caracol —que decorará el bolsillo de nuestro delantal— son círculos de diámetros diferentes que se van a superponer de acuerdo con la longitud de su diámetro. Para hacerlo, se recortan los círculos sobre telas diferentes y se superponen de mayor a menor. Nuestro objetivo es dotar al delantal de un motivo muy colorido.

3

Se recortan ahora las piezas que corresponden al caracol que adornará el delantal.

4 A la hora de cortar, se dejarán 5 mm más de margen que servirá para el dobladillo y el cosido de las distintas piezas.

5 Con aguja e hilo, se hilvana el dobladillo de las piezas cortadas por todo su contorno.

6

El proceso se repite en todas la piezas cortadas.

7

Se hilvana también el cuerpo del caracol.

●●● Montaje del caparazón del caracol

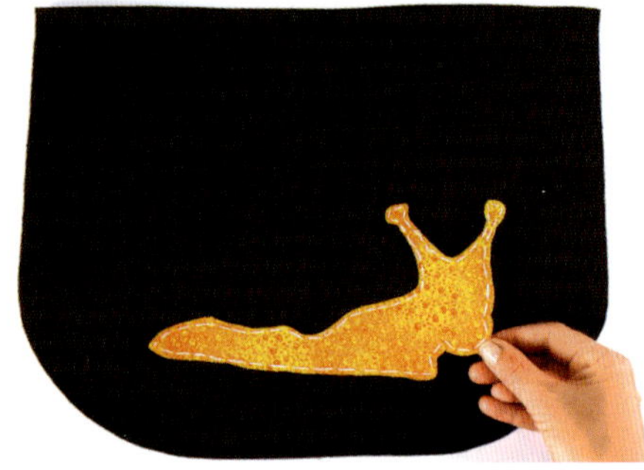

8 Una vez hilvanado, se acomoda el cuerpo del caracol sobre el bolsillo del delantal para decidir su ubicación.

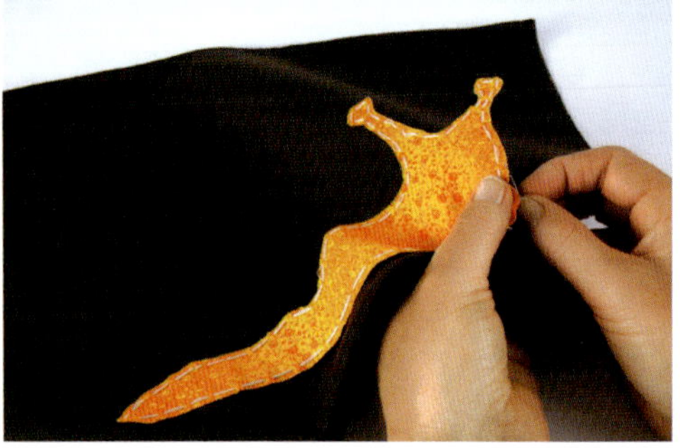

9 Con puntada invisible se cose el cuerpo del caracol al bolsillo, dejando sin coser la cabeza.

10 Después se plancha el cuerpo del caracol.

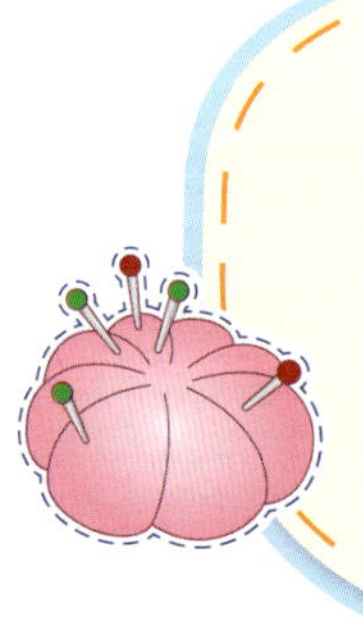

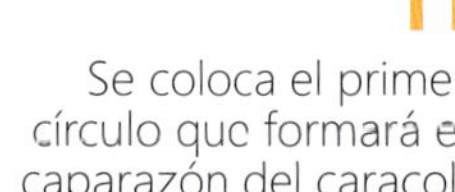

Para formar el caparazón del caracol, el primer círculo que se coloca tendrá que ser el más grande. A partir de este, se van superponiendo nuevas piezas circulares, siguiendo un orden progresivo para que puedan quedar a la vista los bordes multicolores.

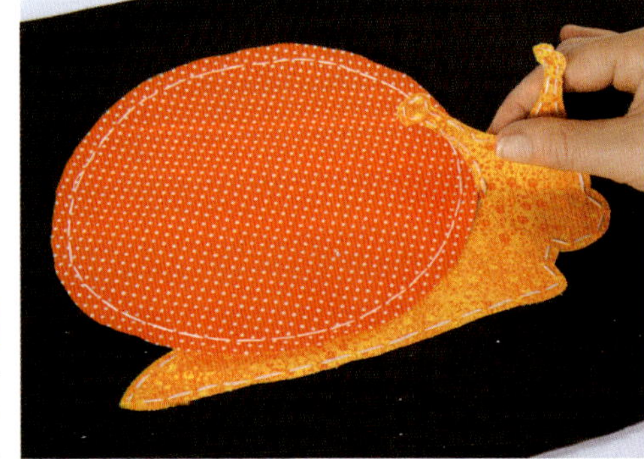

11 Se coloca el primer círculo que formará el caparazón del caracol.

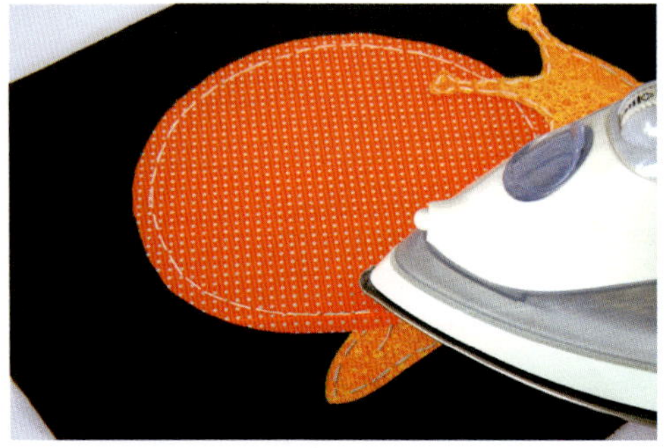

12 Con puntada invisible se cose el primer círculo al bolsillo.

13 Una vez cosida la primera pieza, se plancha.

14 Se retira el hilo que sirvió para el hilvanado.

15 Se plancha nuevamente para conseguir un mejor acabado.

16

A la derecha, las cuatro imágenes muestran cómo se van añadiendo las distintas piezas circulares del caparazón.

17

Una vez colocada cada pieza, se plancha.

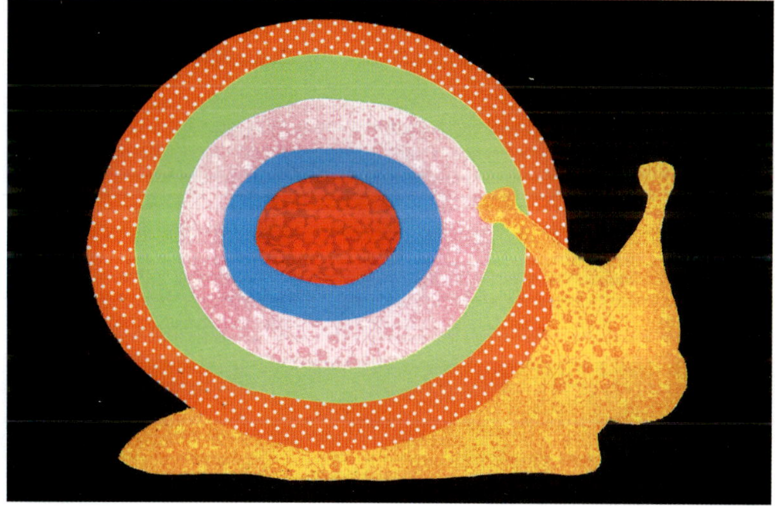

18

Este es el aspecto que ofrece el caracol en esta fase del trabajo.

● ● ● Acabado del caracol

19 Se dibuja la boca del caracol con un pespunte con hilo negro grueso.

20 Se utilizan unas bolitas de color negro para representar los ojos.

21 Este es el aspecto que ofrece el trabajo en este punto del proceso.

A la vista de cómo va quedando el caracol, se observa que su atractivo se basa sobre todo en la combinación de colores que forman las diferentes piezas circulares del caparazón y la forma ordenada con que cada una de ellas se ha colocado, dejando a la vista unas bandas circulares de medidas parecidas.

●●● Acabado del delantal

22 Para un mejor acabado del bolsillo, se coloca un bies que destaca el borde en todo su perímetro.

23 Se cose el bolsillo en el delantal, en su ubicación definitiva.

24 Se pone un bies alrededor de todo el delantal, dejando libres unos tirantes de unos 50 cm en cada extremo, que servirán para anudarlo al cuello y la cintura.

25 Este es el resultado final.

Con este proyecto obtendremos un atractivo tapete para adornar una mesa. Aunque lo parezca a simple vista, no se trata de un proyecto difícil, aunque hay que realizarlo con cuidado y teniendo en cuenta los detalles: la geometría es más rígida y raramente permite disimular aquello que se ha hecho mal.

- 1 m de tela roja cortada en 24 círculos de 12 cm cada uno
- 1 metro de tela clara cortada en 24 cuadrados de 7 x 7 cm
- 15 botones rojos

Tapete

●●● **Preparación**

1 Se cortan todas las piezas necesarias, en este caso 24 cuadrados de 7 x 7 cm y 24 círculos de acuerdo con el tamaño de los cuadrados, es decir, de un diámetro igual a la diagonal de aquellos. (Ver patrones)

2 Se doblan los círculos por la mitad...

3 ... y se planchan para que quede bien marcada la línea del doblez.

4 Se doblan nuevamente los círculos por la mitad, de manera que ambos dobleces, el anterior y el presente, formen una cruz perfecta.

5 Se planchan nuevamente los círculos doblados para que los dobleces queden bien marcados.

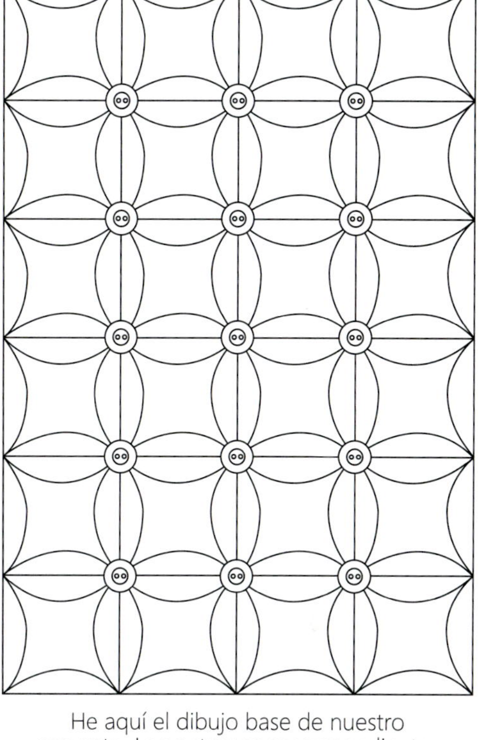

He aquí el dibujo base de nuestro proyecto. Los patrones correspondientes se encontrarán en la hoja 1, cara 2, donde figuran dibujados en color negro.

A la hora de realizar los dobleces y plancharlos, es imprescindible que el trabajo se realice correctamente y repartiendo bien las áreas dobladas, procurando que el planchado los deje perfectamente marcados. Servirán de guía y referencia para los próximos pasos de este proyecto.

6 En cada pieza circular obtenida y plegada en cruz, se dobla el contorno de manera que se formen cuatro arcos regulares, cada uno de los cuales abarcará el espacio que media entre doblez y doblez, tal como muestra la imagen.

Tanto los dobleces de las piezas circulares como el posterior plegado para la formación de cuadrados deben realizarse con cuidado para que en cada pieza queden regulares y uniformes, y todas ellas de la misma medida. De ello dependerá que el conjunto posterior quede bien equilibrado y atractivo.

7 Una vez concluido el paso anterior, todos los círculos se habrán convertido en cuadrados.

●●● Montaje de las piezas

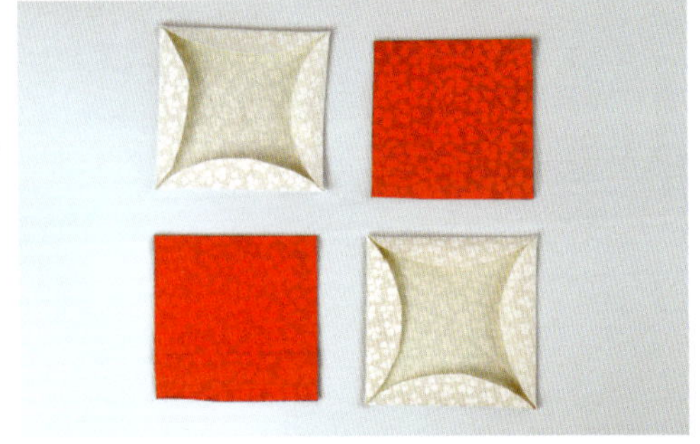

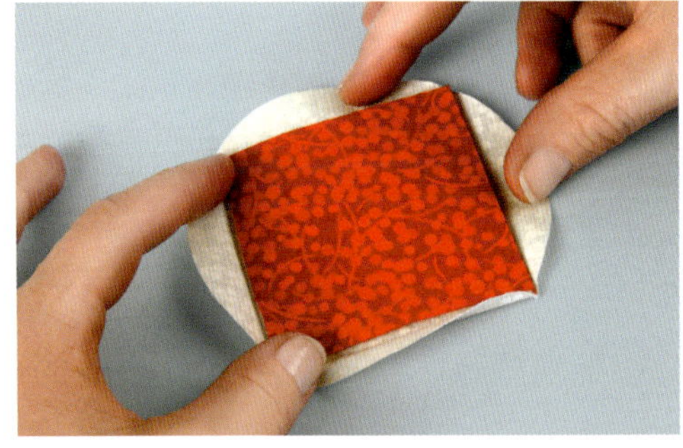

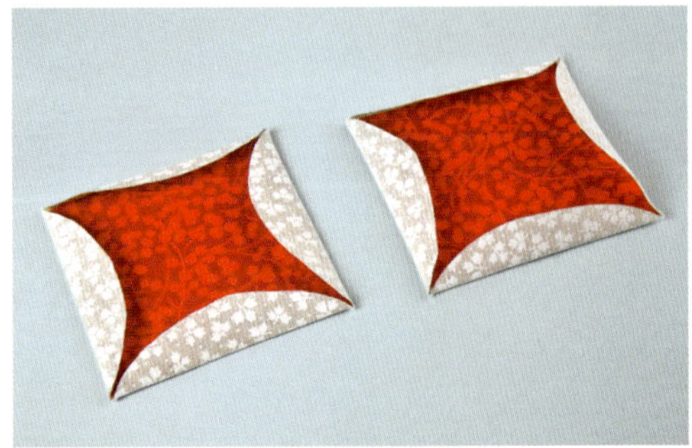

8 Se toman los cuadrados rojos y se colocan en el interior del receptáculo que se ha formado con las piezas circulares plegadas, un cuadrado introducido en cada una de las piezas circulares.

9 Así es como deben quedar los ensambles que se hayan realizado.

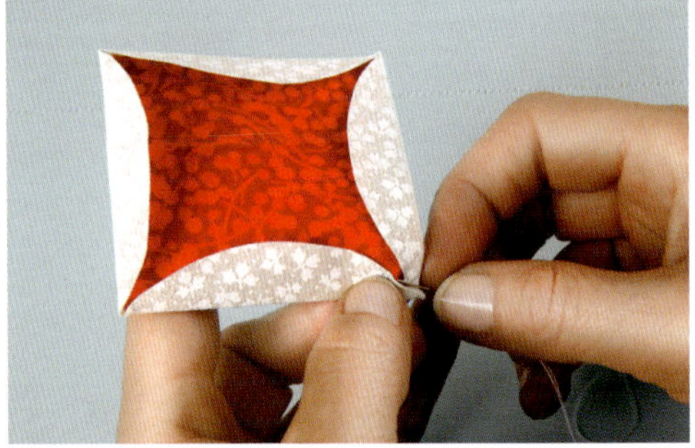

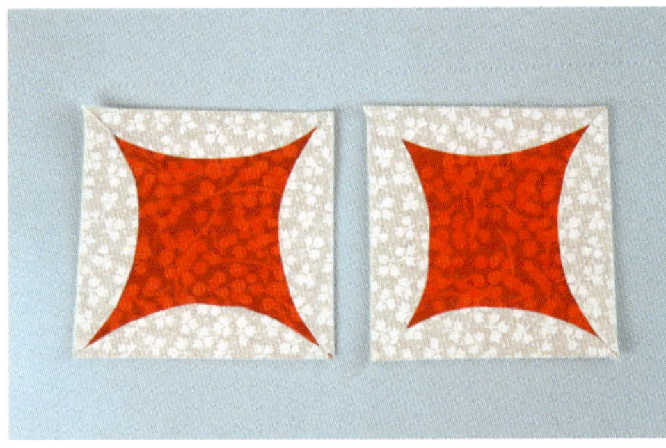

10 Se planchan bien las piezas obtenidas después de los ensambles.

11 Con puntada invisible se cosen las tapitas de las piezas circulares hasta obtener todas las piezas. En nuestro caso se van a necesitar veinticuatro para completar el trabajo.

●●● Formación del conjunto

Conviene realizar cada paso con atención y, sobre todo, sin prisas. Es muy importante que cada acción que se realice se haga cuidadosamente y procurando que todas las piezas queden iguales, encajen bien y que, tanto el plegado como el planchado y el cosido no presenten defectos. El resultado final lo agradecerá.

12 Con puntada invisible, y cara contra cara, se cosen por el revés.

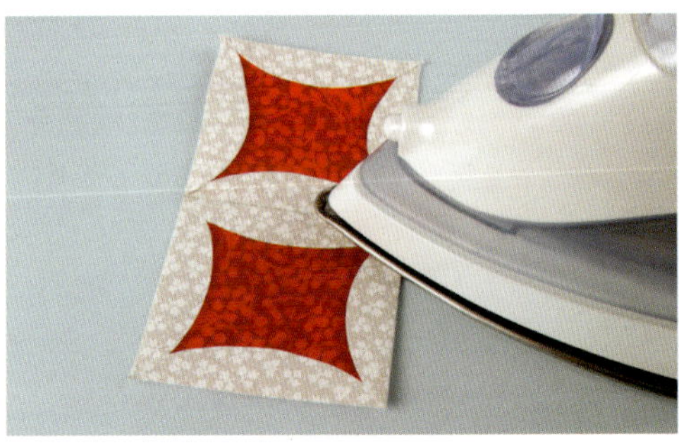

13 A medida que se van cosiendo las piezas, se planchan. Será el momento de revisar el desarrollo y, sobre todo, si el trabajo realizado es correcto.

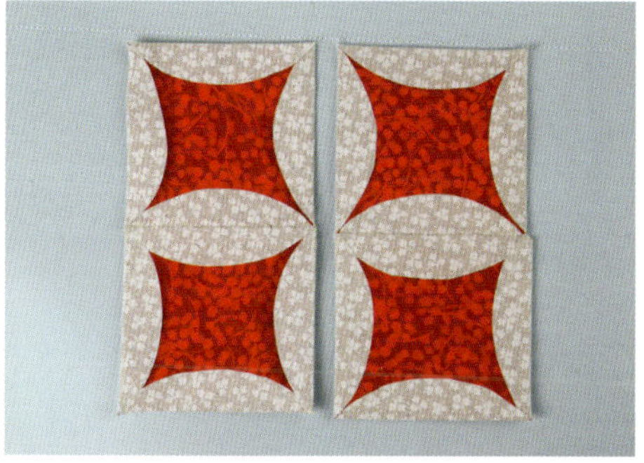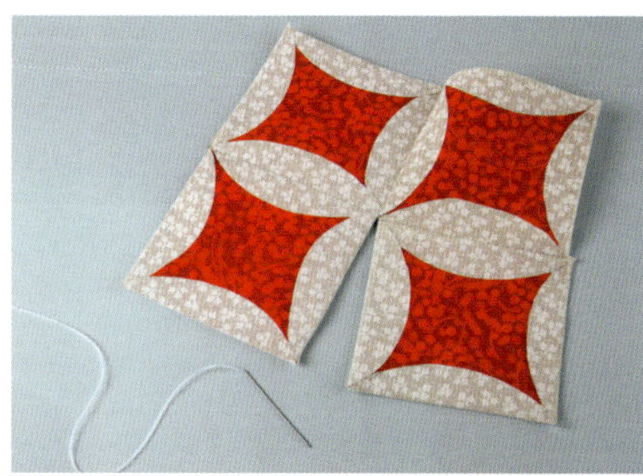

14 Observe en esta secuencia de imágenes el progreso de nuestro trabajo: primero se cosen dos piezas, luego dos entre sí y después se van uniendo de la misma manera el resto de las piezas.

15

A medida que va progresando el trabajo, puede verse la composición geométrica que se va formando.

16

Una vez completado el conjunto, se plancha, procurando que en toda la superficie del tapete la tela quede plana y las piezas bien acomodadas y unidas con sus vecinas.

17

Este es el aspecto actual de nuestro trabajo.

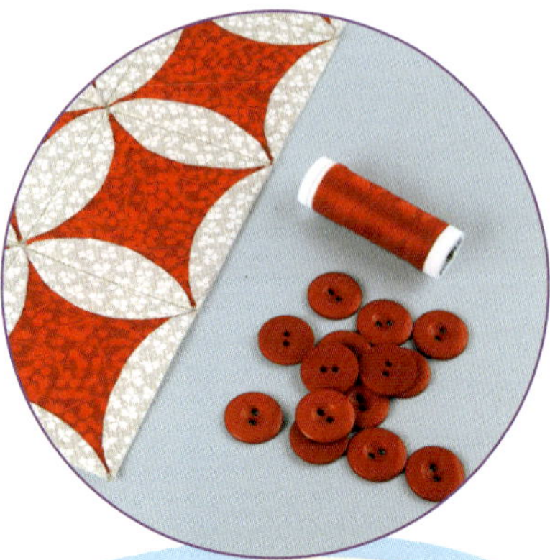

18 Se coloca un botón a cada una de las uniones de las piezas, no solo ayuda a disimular los defectos, sino que también le da un mejor acabado.

19 Se cose el botón en cada punto de unión de piezas, tal como se muestra en la imagen.

Como se trata de un trabajo en el cual intervienen muchas piezas y cuya composición geométrica es muy severa a la hora de evidenciar defectos y/o irregularidades, uno de los recursos para disimular estos inconvenientes es utilizar unos botones un poco grandes.

20 Una vez cosido, el botón se convierte en un elemento más de decoración del cuadrifolio que forma la base del motivo geométrico.

21 A medida que se van cosiendo los botones, se va completando el conjunto.

22

Este es nuestro tapete, una vez terminado.

Qué duda cabe que con un poco de imaginación y creatividad se pueden conseguir objetivos interesantes: dar un toque de animación, infundir una sensación de dinamismo, aportar una nota de color, dotar de un toque personal, etc. En este caso, teníamos una camiseta blanca y le hemos añadido un detalle simpático. Con ello el aspecto de nuestra camiseta cambia radicalmente.

Camiseta A

• 1 rectángulo de 5 x 10 cm (vestido y sombrero)
• 1 rectángulo de 5 x 7 cm (pantalón corto)
• 1 rectángulo de 5 x 10 cm (medias)
• 1 rectángulo de 5 x 10 cm (botas)
• Camiseta, ojos para tela y restos de lana

●●● Preparación

1

Con la ayuda de los patrones se cortan todas las piezas que se van a utilizar para adornar nuestra camiseta.

A la hora de cortar los patrones, no olvide dejar un margen mínimo de unos 5 mm, que servirán para el cosido y la unión de una pieza con la otra.

Este es el dibujo base del proyecto. Los patrones de que nos hemos servido se encuentran en la hoja 1, cara 2, dibujados en color violeta.

●●● Cosido general

2 Una vez cortadas las piezas, se presentan sobre la camiseta para ver cómo se van a distribuir de cara a formar el motivo definitivo.

3 Una vez se está seguro que el dibujo, tal como se ha planificado, es correcto, se fijan las piezas con alfileres.

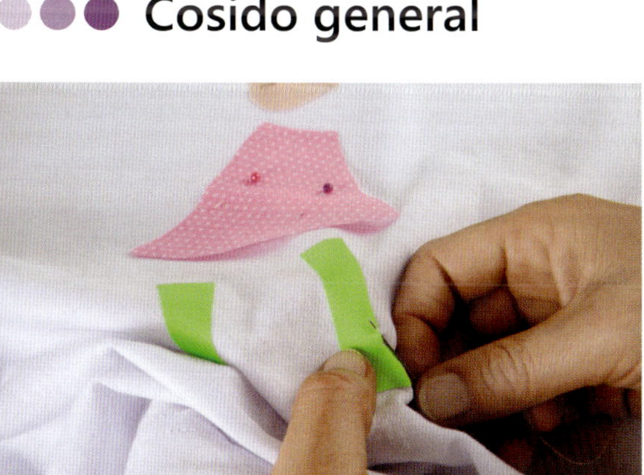

A medida que vaya cosiendo piezas, no olvide verificar que estas van quedando perfectamente acomodadas en su lugar definitivo.

4 Se empiezan a coser a la camiseta las diferentes piezas de la figura.

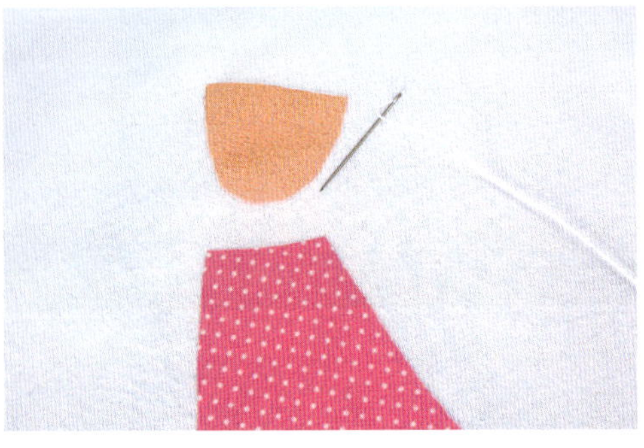

5 En último lugar, se cose la cabeza.

6 Una vez que se han acabado de coser todas las piezas, se planchan.

●●● Algunos detalles

8 Se bordan el cuello y los brazos con un pespunte.

7 Así es como se encuentra el trabajo en esta fase del proceso.

9 Para representar los ojos se utilizan unas bolitas pequeñas de color negro.

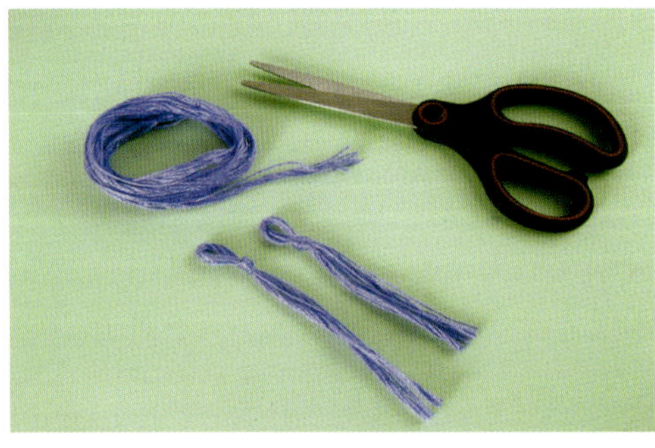

10 Se van a utilizar unos haces de lana para representar el cabello.

11 Se cosen los haces de cabello en el lugar correspondiente, uno en cada lado de la cabeza.

12 Se cubre la cabeza con un gorrito.

El gorrito que se ha colocado en la cabeza tiene una función doble: a la vez que sirve para rematar la figura, también cubre la zona donde se han cosido los haces de cabello; así quedan escondidos y fuera de la vista.

Este proyecto es una nueva versión del anterior. Nos sirve para ilustrar que en este tipo de trabajos, la imaginación, la creatividad y la iniciativa de cada persona, unidas a un mínimo de destreza, pueden conseguir unos resultados satisfactorios y gratificantes.

Camiseta B

- 1 cuadrado de 15 x 15 cm (vestido)
- 1 rectángulo de 10 x 15 cm (pantalón)
- 1 rectángulo de 5 x 10 cm (bufanda)
- 1 cuadrado de 5 x 5 cm (zapatos)
- Camiseta, ojos para tela y restos de lana

Antes de iniciar el montaje de todas las piezas, se recomienda realizar previamente una presentación general con el objetivo de asegurar la distribución y el aspecto final de nuestro trabajo.

Preparación

1

Sobre la base de los patrones se cortan las piezas necesarias para confeccionar el motivo decorativo de la camiseta.

Este es el dibujo base del proyecto. Los patrones se encuentran en la hoja 1, cara 2, dibujados en color verde claro.

2

Se realiza una presentación del motivo decorativo con las piezas que se han cortado.

3

Una vez decidida la disposición, se aseguran las piezas con alfileres.

La fijación de las piezas con alfileres se realiza para que, en el transcurso del trabajo, mientras se van cosiendo unas piezas, las otras no se muevan, facilitando con ello el trabajo y evitando que este se deforme o se dañe.

● ● ● Cosido general

4 Con puntada invisible se cosen todas las piezas a la camiseta.

5 Una vez cosidas las piezas, se planchan.

6 Este es el aspecto que ofrece el trabajo en esta fase.

En la medida de lo posible, debe procurarse que el trabajo quede limpio y sencillo. Todo aquello que suene a abigarramiento seguramente lo dañará.

Detalles

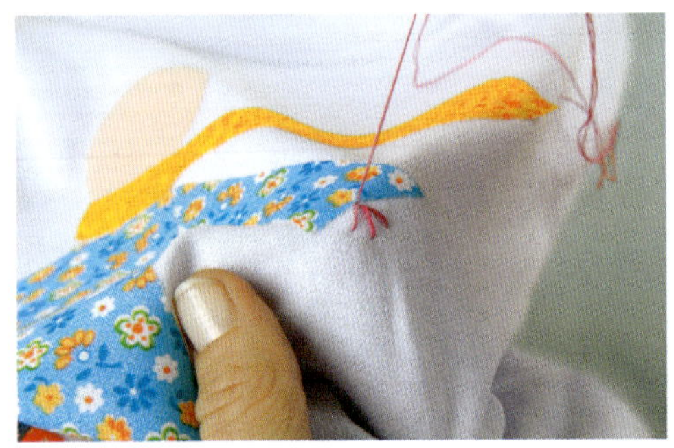

7 Se bordan los dedos de las manos con un pespunte.

8 También con pespunte, se borda la boca.

9 Para los ojos se utilizan bolitas cuyo tamaño deberá ser proporcional a la cara.

10 Para el pelo se utilizará un haz de hilos de lana de un color llamativo.

11 Se cose el flequillo y se corta a la altura de los ojos.

12 Sobre el flequillo se cose la melena.

13 Con una puntada se cose a los lados simplemente para darle forma de peinado y después, se recorta para arreglarlo.

14 He aquí el resultado final.

En cualquier trabajo artístico es clave la correcta combinación de los colores. Precisamente este es el aspecto que se ha trabajado en este proyecto. De paso también nos ha servido para disponer de un tapete que adornará una mesa.

Tapete de sobremesa

- 2 rectángulos de 40 x 50 cm (fondo)
- 1 rectángulo en guata de 40 x 50 cm
- 10 cuadrados de 12,5 x 12,5 cm (5 colores diferentes para las flores)
- 5 cuadrados en guata de 12 x 12 cm
- 2 cuadrados de 30 x 30 cm (hojas, en 2 tonos de verde)
- 1 cuadrado en guata de 50 x 50 cm
- 1 bies

Si bien siempre se puede optar por aquellos colores que a uno más le gustan, no debe olvidarse que no todos los colores combinan bien con cualquier otro.

Este es el dibujo del proyecto a realizar. Los patrones, en color marrón intenso, se encuentran en la hoja 2, cara 1.

Confección de la base

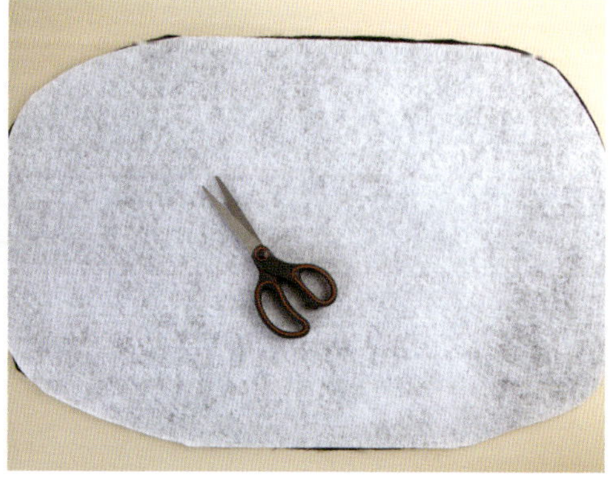

1 Con ayuda del patrón, se cortan las telas y la guata del mismo tamaño.

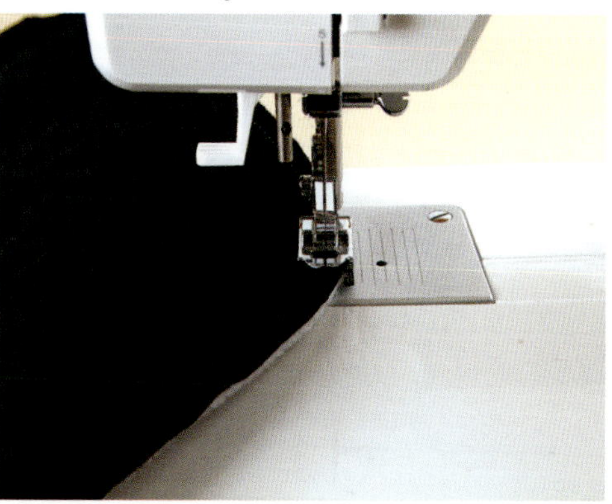

2 Se cosen a máquina las dos telas, cara contra cara, y la guata encima, a 5 mm del borde, dejando una abertura.

3 Se da la vuelta a la tela, de manera que la guata quede en el medio, escondida.

4
Se procura
que el borde
del tapete
quede
totalmente fuera.

5
Se cose con
puntada
invisible.

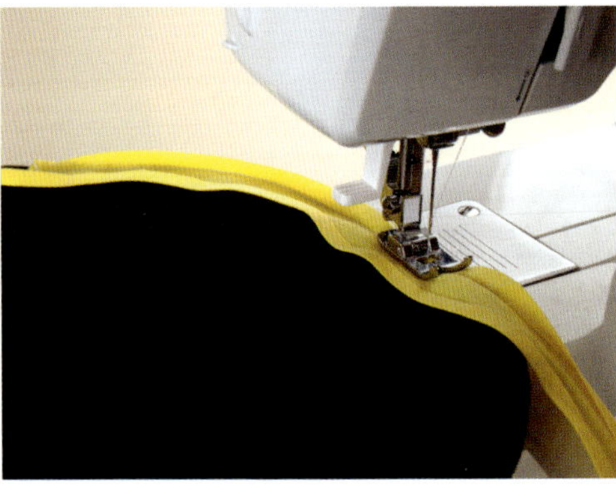

6 Se remata la parte visible del perímetro del tapete con un bies
de color que contraste con el negro. Se cose por un lado.

7 Se dobla el bies para tapar el borde
y se cose por el otro lado.

8
Se plancha
el bies
para que
quede bien
asentado.

En el área donde
debe ir el adorno
floral, se recomienda
no colocar bies, ya
que abulta y dificulta
la buena colocación
del adorno.

Trabajo de las flores

9
Siguiendo
el patrón, y
añadiendo
5 mm de
costura, se
recortan 10
hojas en la tela
y 5 en la guata.

10 Se cosen a máquina las dos telas de cada hoja, cara contra cara, y la guata encima, a 5 mm del borde.

12 Con un objeto puntiagudo (un lápiz, por ejemplo) se da la vuelta a la hoja para que la tela quede por fuera y la guata por dentro, escondida. Es preciso cuidar esta operación para que las puntas y los bordes queden perfectamente limpios.

11 Se deja una pequeña sin coser, que se necesitará para poder dar la vuelta a la hoja.

13 Con puntada invisible se termina de cerrar la hoja.

14 Siguiendo el mismo método, se realizan el resto de las hojas de colores diferentes.

15 Siguiendo el patrón, y añadiendo 5 mm de costura, se recortan 10 flores de telas y 5 de guata.

16 Se cosen a máquina las dos telas de cada hoja, cara contra cara, y la guata encima.

17 Se cose a 5 mm del borde, dejando una parte sin coser para darle la vuelta.

18 Se cortan los excedentes de la tela y la guata.

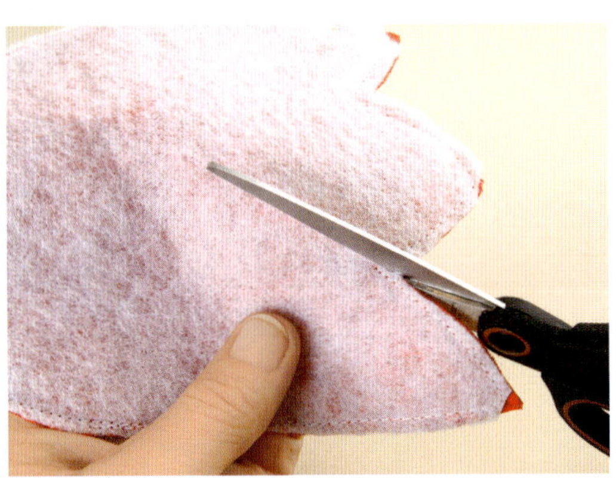

19
Se hacen unos pequeños cortes, sin que lleguen a la costura, en la unión de las esquinas, para evitar las arrugas al dar la vuelta.

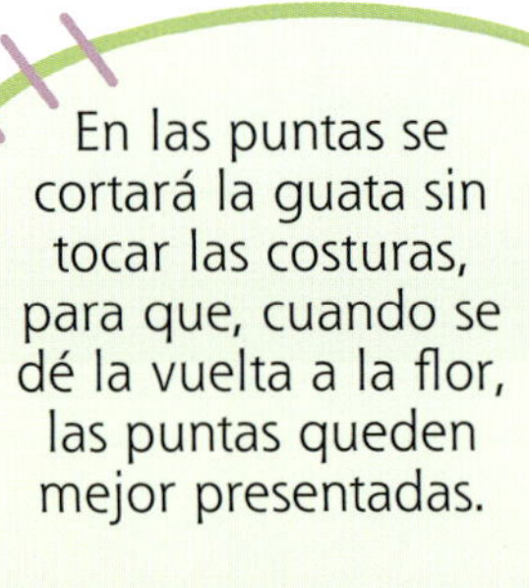

En las puntas se cortará la guata sin tocar las costuras, para que, cuando se dé la vuelta a la flor, las puntas queden mejor presentadas.

20
Se da la vuelta a la flor.

21 Con un lápiz o un objeto punzante se sacan las puntas.

22 Se estiran los pétalos para eliminar las arrugas.

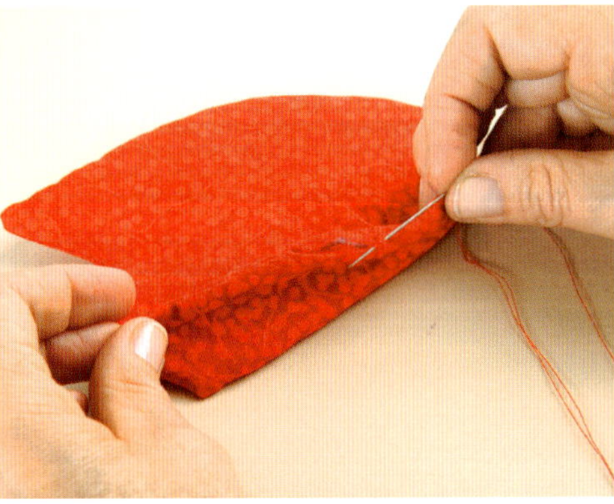

23 Con puntada invisible se cose el área que había quedado sin coser.

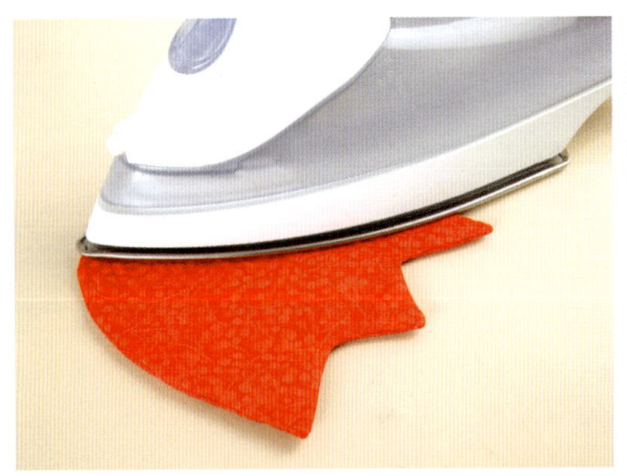

24
Se plancha la flor para ayudar a que se asiente mejor y a eliminar las arrugas.

25
Siguiendo el mismo método, se realizan el resto de las flores.

26 Con la máquina se hacen las nervaduras de la flor, comenzando desde el centro de un pétalo.

27 Con costura curva se llega hasta el centro de la parte inferior de la flor.

28 Se da la vuelta y se sube hasta el centro del pétalo vecino.

29 Se repite el proceso en todas las flores.

30 Se planchan todas las flores y hojas que se han elaborado.

31 Se presentan adecuadamente las hojas y flores para formar el conjunto decorativo. Con ello se podrá calcular la tela que se necesita para cubrir el fondo que queda libre en el centro del conjunto que forman estos elementos florales.

●●● ● Acabado

32

Se corta un trocito de tela de un color a tono con las hojas para cubrir los «huecos» que se hayan formado en el fondo.

33

Se recolocan convenientemente las flores y las hojas y se aseguran con alfileres.

34

Se retiran las flores y las hojas y se cose la tela verde al tapete. Después empiezan a coserse las flores.

35

Con puntada invisible se cosen todos los elementos a mano.

34

Este es el resultado final de nuestro trabajo.

El proyecto que se presenta en este capítulo va destinado a decorar un bolso informal y multiuso. Para ello se ha optado por un tema decorativo simpático y colorista.

- 1 cuadrado de 20 x 20 cm (vestido)
- 1 rectángulo de 10 x 20 cm (blusa)
- 1 cuadrado de 20 x 20 cm (árbol)
- 1 rectángulo de 5 x 10 cm (tronco)
- 1 cuadrado de 10 x 10 cm (sombrero)
- 1 cuadrado de 10 x 10 cm (zapatos)
- Tela color beis, 2 botones, restos de lana

A la hora de seleccionar ya sea el tema decorativo, los colores, etc., es preciso echar mano de la propia imaginación. Es muy importante sentirse a gusto con el trabajo que se realiza. Será algo que se notará en el resultado final.

●●● Corte de las piezas

1 Se cortan todas las piezas de acuerdo con las medidas del patrón, siempre dejando 5 mm de más en todo el perímetro de cada pieza para la costura.

He aquí un esquema del motivo que se va a elaborar. Los patrones se encuentran en la hoja 2, cara 1, donde se han dibujado en azul oscuro.

●●● Trabajo del árbol y el vestido de la muñeca

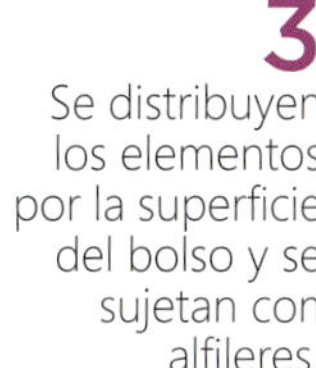

2 Se hilvana un dobladillo en todas las piezas.

3 Se distribuyen los elementos por la superficie del bolso y se sujetan con alfileres.

4 Una vez se hayan situado adecuadamente los dos elementos del árbol (tronco y ramas), se cosen sobre el bolso.

5 Cuando se haya acabado de coser el árbol, se cortan y retiran los hilos del hilván.

6 A continuación se plancha el árbol por el derecho.

Aunque lo que se propone en este proyecto esté muy detallado, tanto en materiales, colores, como en las formas, es buena idea dejarse llevar por la imaginación y la creatividad. Cambiando algunas cosas, tal vez añadiendo otras o utilizando telas de colores diferentes se conseguirá que el trabajo resulte más personalizado.

7 Este es el aspecto que tiene nuestro bolso con el trabajo hecho hasta este momento.

8 Se empieza ahora a trabajar la muñeca hilvanando un dobladillo en las distintas partes de su vestido.

9 Cuando se tengan debidamente preparadas todas las piezas, se planchan.

10 Se cose la pieza de la blusa al vestido.

11 Una vez confeccionado el vestido, se coloca en el bolso y se cose.

12 Se sitúan los zapatos en su lugar y se cosen al bolso.

13 Una vez cosidos el vestido y los zapatos en el bolso, se planchan para que queden bien asentados.

14 Este es el aspecto que ofrece nuestro trabajo en este momento.

No se fije un tiempo para realizar un proyecto, ni trabaje con nervios o con prisas. Para que todo salga bien, más vale avanzar lentamente a fin de que cada paso se haga lo mejor que se pueda.

15 Se acomodan las mangas de la blusa y las manos de la muñeca en su lugar....

16

... y se cosen al bolso.

17

Una vez cosidas las mangas y las manos, se plancha el conjunto de la muñeca realizado hasta ahora.

18

Se colocan y se cosen los tirantes del vestido.

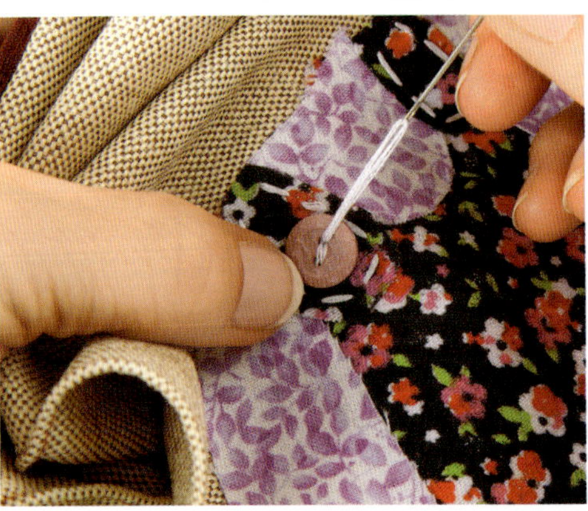

19

Se cosen también los botones de los tirantes.

20

Así es como tenemos el trabajo de la muñeca en este momento.

Cabeza de la muñeca

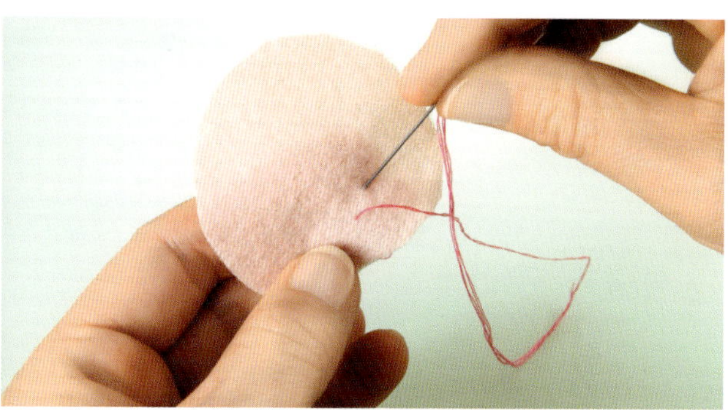

21
De acuerdo con el patrón, se corta la cara de la muñeca.

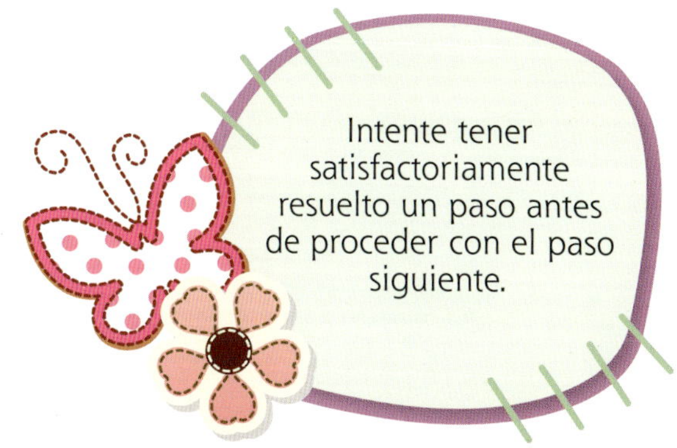

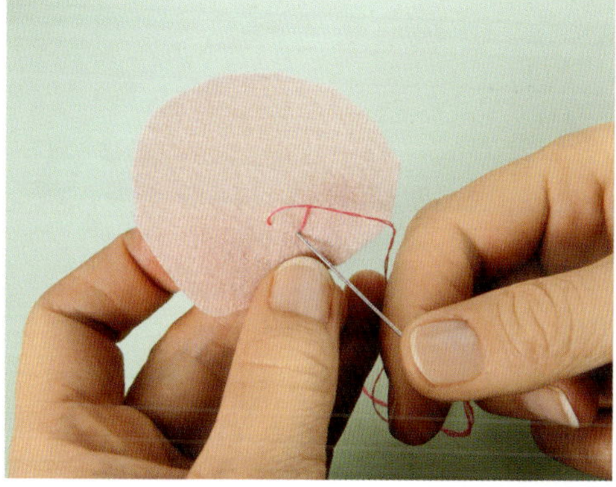

22 Sobre la pieza de la cara se realizan un par de puntadas dispuestas en V, con las cuales se representa la boca.

23 Se cose la cara al bolso y se plancha.

24 Se corta ahora la lana para el pelo.

25
Se pega el flequillo con una puntada sencilla utilizando hilo del mismo color de la lana.

26
Con la lana se hacen dos trenzas, asegurándolas en las puntas para que no se suelten.

27

Se pegan las trenzas a uno y otro lado de la cara, a la altura de los ojos.

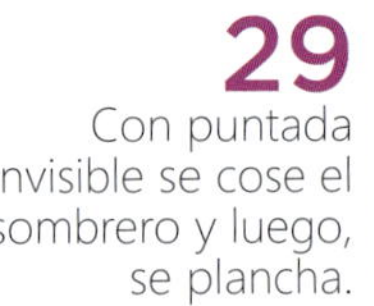

28

Se coloca el sombrero, de manera que los arranques de las trenzas queden cubiertos.

29

Con puntada invisible se cose el sombrero y luego, se plancha.

30

Se corta el flequillo de manera que quede libre el espacio destinado a los ojos.

31

Se arreglan las trenzas y se cortan sus extremos a la misma altura para que queden iguales y simétricas.

32

Debajo del flequillo se cosen los ojitos de la muñeca.

Paño
de cocina

A veces los elementos más sencillos nos sirven para disfrutar con un proyecto decorativo. Con un poco de imaginación y una pizca de creatividad, conseguiremos alegrar nuestra cocina.

- 1 cuadrado de 20 x 20 cm (cuerpo)
- 1 cuadrado de 20 x 20 cm (patas)
- 1 cuadrado de 20 x 20 cm (cola, pico y sol)
- 1 cuadrado de 10 x 10 cm (cresta y barbilla)
- 1 rectángulo de 5 x 10 cm (ala)
- 1 cuadrado de 20 x 20 cm (árbol)
- 1 rectángulo de 5 x 10 cm (tronco del árbol)
- 1 paño de cocina blanco

Antes de empezar cualquier proyecto, se debe preparar y ordenar debidamente todo el material que se vaya a necesitar. Tenerlo todo la vista y a mano va a suponer una gran ventaja y facilitará la tarea.

●●● Corte de las piezas

1 Una vez debidamente marcadas, se van a cortar todas las piezas que se necesitarán para este proyecto.

Se presentan los patrones del proyecto que se va a realizar en este apartado en la hoja de patrones 2, cara 1, donde se han dibujado en color rosa intenso.

Las piezas deben marcarse a la medida de los patrones, más 5 mm en todo el perímetro, que luego se doblará hacia dentro y se sujetará con un hilván.

● ● ● Trabajo del árbol y del sol

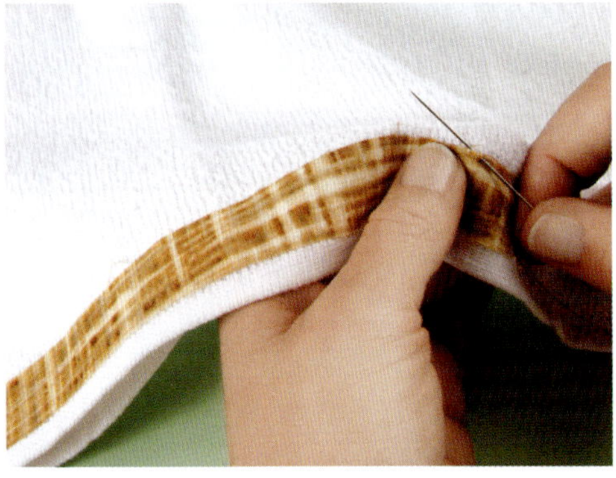

2 Con puntada invisible se cosen primero los elementos que van en los límites del marco (árbol y sol). Con ello se sabrá el espacio de que se dispone para el desarrollo y la colocación del motivo central (gallo).

3 Cuando se haya colocado el árbol, se plancha por encima.

4 Aún sin coser, se coloca el sol, para calcular la distribución de los rayos.

5 Una vez distribuidos correctamente los rayos, se fijan a la tela de soporte con alfileres y puntada invisible y se planchan por encima.

Para que los rayos del sol se dispongan correctamente, es necesario encontrar el centro del círculo solar, donde se colocará un extremo de la regla. Sin mover dicho extremo de este punto, se irá moviendo el otro extremo y, a una misma distancia uno de otro, se irán colocando los rayos.

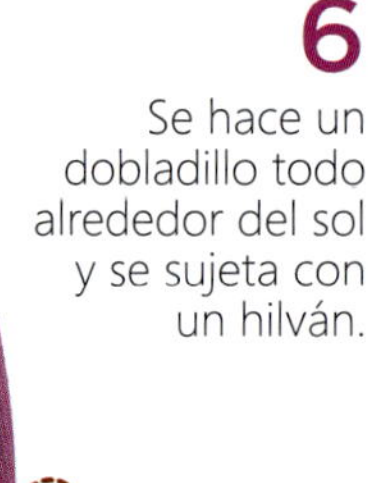

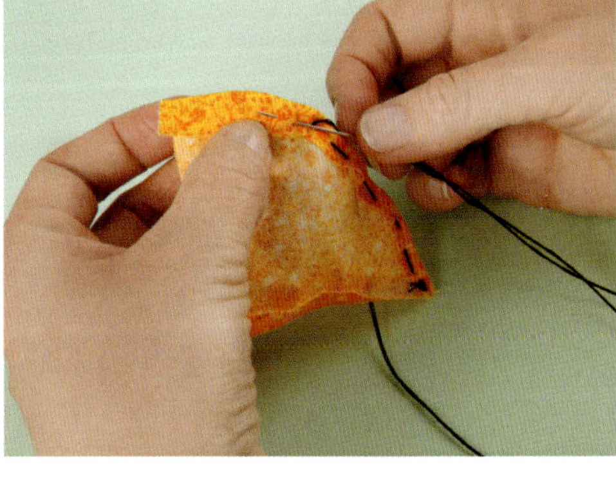

6 Se hace un dobladillo todo alrededor del sol y se sujeta con un hilván.

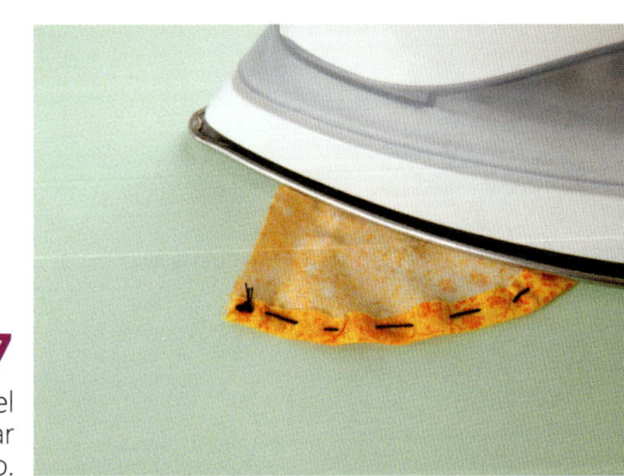

7 Se plancha por el revés para marcar el dobladillo.

8

Se coloca el sol
sobre los rayos
y se cose.

9

Se corta y se
retira el hilo del
hilván.

●●●● Confección del gallo

10

Se hace un
dobladillo
e hilvana
ahora la pieza
correspondiente
al cuerpo del
gallo.

11

Se coloca el cuerpo del gallo
en el lugar que corresponde
y se asegura con alfileres
para que no se mueva.

12

Utilizando el cuerpo del
gallo como referencia, se
colocan el resto de sus
piezas (patas, cola, cresta).

13

En esta imagen se observa cómo debe quedar el trabajo a esta altura. Antes de continuar, es el momento de rectificar y mover aquello que sea necesario.

14

Se retira el cuerpo del gallo, que es lo último que se va a coser.

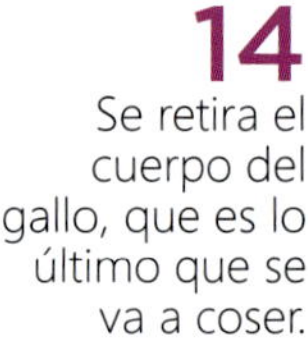

15 Se empieza a coser cada pieza sobre la tela del fondo.

16 A medida que se va terminando cada pieza, se plancha por encima.

17 Una vez cosidas todas las piezas en su lugar, se coloca el cuerpo.

18 Cuando se haya cosido el conjunto del gallo, se cortan y retiran los hilos con los cuales se han hilvanado las piezas.

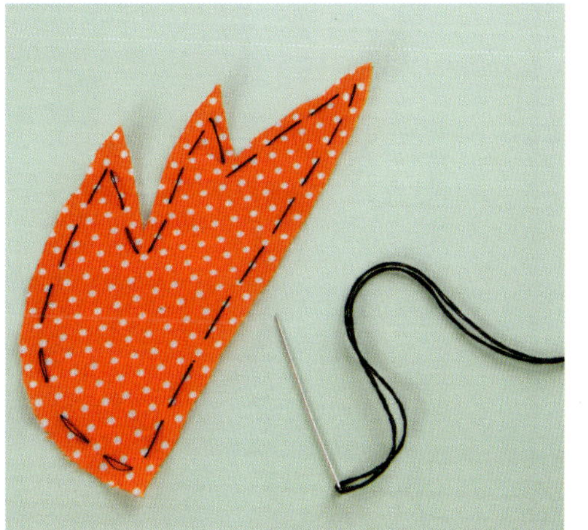

19 Una vez más se plancha todo el conjunto.

20 Ahora se hilvana el dobladillo y se plancha el ala.

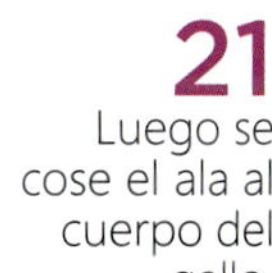

El método de trabajo siempre es el mismo: se hilvana el dobladillo de cada pieza y se coloca en su lugar correspondiente antes de coserla. Solo se cose cuando se está seguro de que la pieza está correctamente ubicada.

21 Luego se cose el ala al cuerpo del gallo.

22 Se corta y se retira el hilo con el cual se ha hilvanado el ala.

23

Nuevamente se plancha todo el conjunto por encima.

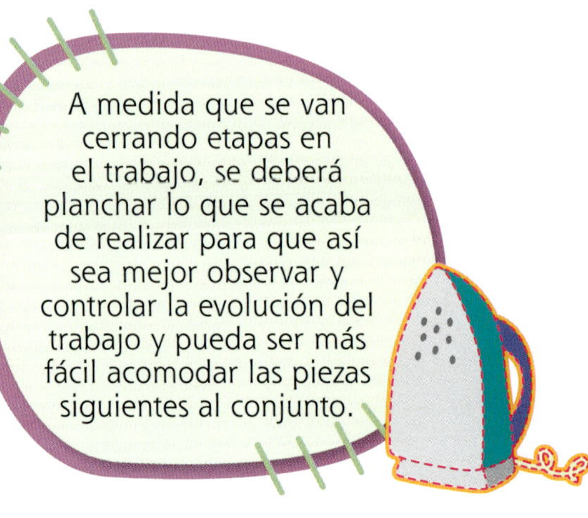

24

Puede observarse cómo queda el gallo en este momento.

25

Se le cose el ojo en el lugar correspondiente.

26

También se le cose el pico.

Sobrecama

Este es un proyecto sencillo por los elementos que lo componen, pero la complejidad estriba en que entran en juego muchas piezas a las que hay que disribuir de manera que obtengamos un conjunto armónico. En este tipo de composiciones, es muy importante que haya un equilibrio tanto en la combinación de colores como en la distribución.

- 1 rectángulo de 40 x 140 cm (fondo)
- 1 rectángulo de 50 x 150 cm (trasera)
- 2 rectángulos de 5 x 140 cm (marco, parte larga)
- 2 rectángulos de 5 x 40 cm (marco, parte corta)
- 4 cuadrados de 5 x 5 cm (esquinas)
- 7 cuadrados de 20 x 20 cm (6 colores para las flores y centros de las flores)
- 3 cuadrados de 30 x 30 cm (tonos diferentes de verde para las hojas)
- 1 rectángulo de 10 x 30 cm (tronco)

Antes de iniciar el trabajo, es imprescindible pensar bien los colores de las telas que se van a utilizar y también la manera en que estos se van a conjugar para que el conjunto resulte atractivo.

Se presentan los patrones de los proyectos que se van a realizar: el sobrecama y dos cojines a juego. Estos patrones, mucho más grandes, se encuentran en la hoja de patrones 2, cara 1, en color azul celeste.

● ● ● Confección de los tallos

1 Se corta una tira de unos 2 cm de ancho por unos 22 cm de largo.

2 En todo el largo y por ambos lados se doblan 5 mm de ancho.

3 Se plancha para marcar y asegurar los dobleces.

4 Sobre la tela de fondo se marcan la situación y trayectorias de los tallos. Se hace con curvas onduladas para darles más movimiento.

5 Sobre las líneas marcadas se colocan y hilvanan los tallos.

6 Una vez asegurada la posición y disposición del tallo, se plancha para que se pueda manejar mejor al coserlo.

7 Con hilo del mismo color del tallo, se cose con puntadas escondidas a ambos lados de la tela.

> Cada pequeña fase del proceso debe concluir con el planchado de la tela que se haya trabajado. Además de garantizar un mejor resultado final, facilitará el manejo de cada elemento que se esté trabajando.

8 El trabajo debe realizarse paulatinamente y con precisión. Cualquier defecto puede comprometer el resultado final.

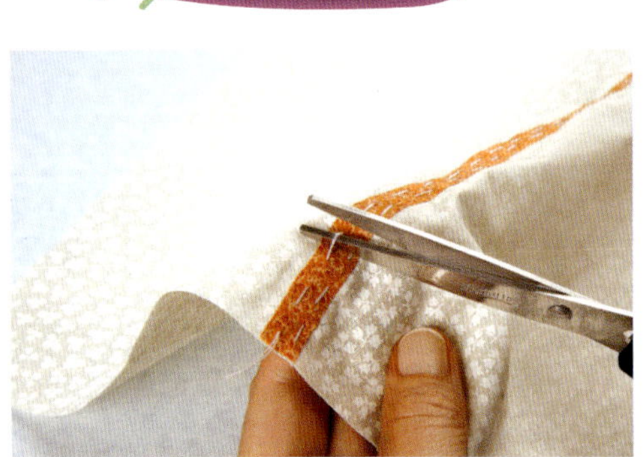

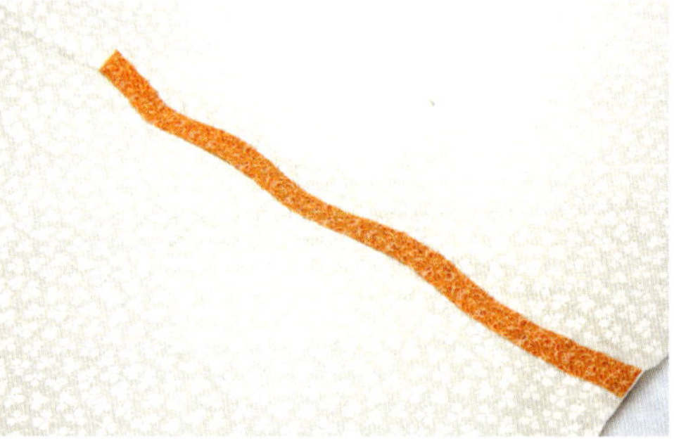

9 Se cortan los hilos con los cuales se hilvanaron los tallos.

10 Se retiran los hilos para que el trabajo quede limpio.

11 Con lo que se ha realizado hasta este momento se dispone ya del primer tallo.

> A la hora de realizar los troncos se recomienda que estos sean de grosores y formas diferentes. Con ello se evitará que el trabajo resulte estático.

12 Una vez repetido el mismo proceso, se dispondrá ya de todos los tallos, bien distribuidos y terminados.

●●● Confección de las flores

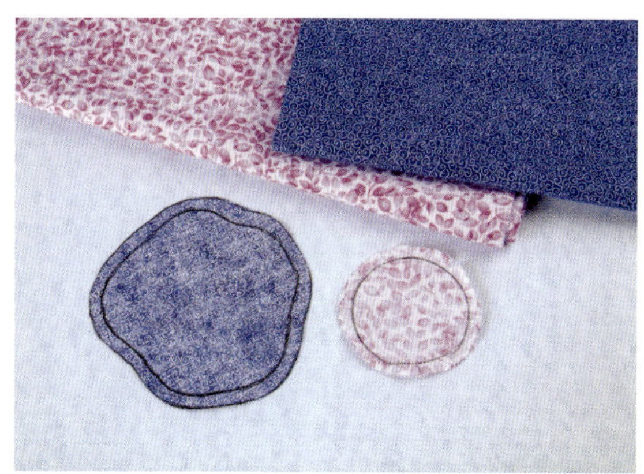

13

Por el dorso de la tela se calcan las flores, utilizando el patrón como referencia.

14

Como se trata de cortar en curva, una vez recortada toda la flor, se practicarán pequeños cortes en sentido radial hasta encontrar la línea de referencia. Ello facilitará el doblaje de la tela.

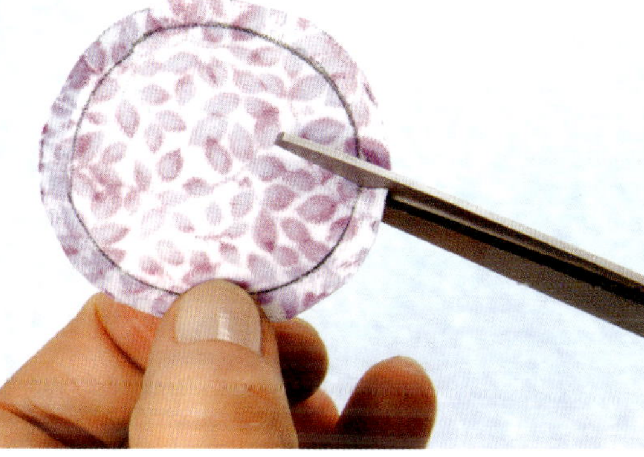

A la hora de montar las flores, es muy importante combinar dos telas que conjuguen bien. El contraste, el colorido general y la variedad siempre deben ser prioritarios y determinantes a la hora de elegir.

Cuando se vayan a coser los dos elementos de la flor (pétalos y botón) deben elegirse hilos de un color lo más parecido posible al de la tela que se cosa, salvo por motivos estéticos para favorecer el contraste o aportar un toque de fantasía.

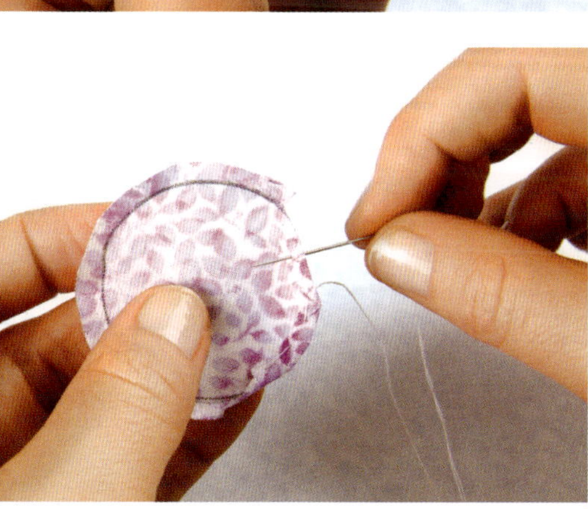

15

Después de centrar bien el botón, se hilvana el dobladillo antes de proceder a coserlo con la pieza correspondiente a los pétalos.

Una vez cortado cada elemento, no olvide plancharlo para que encaje bien con su compañero y permita un trabajo más fácil.

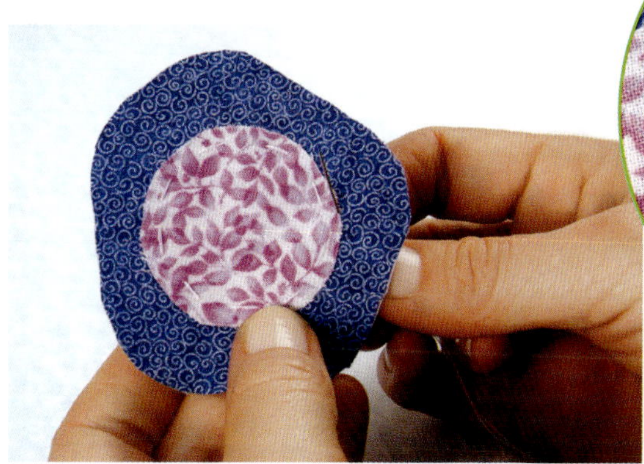

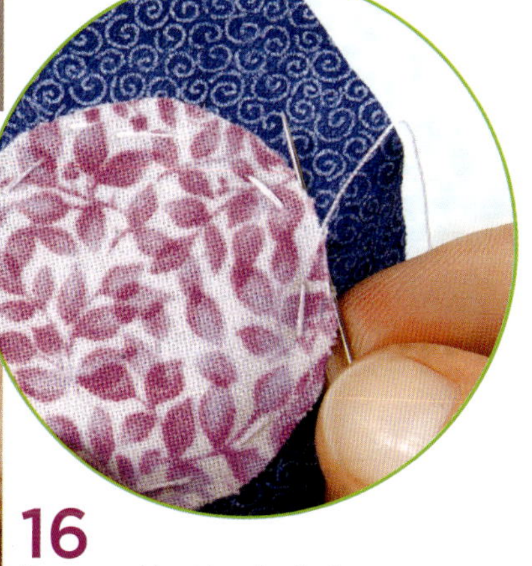

16

Se cose el botón al pétalo con puntada escondida.

El planchado debe hacerse con la plancha a temperatura media-alta. Debe asegurarse una temperatura adecuada para garantizar la función del planchado y evitar que la tela se dañe.

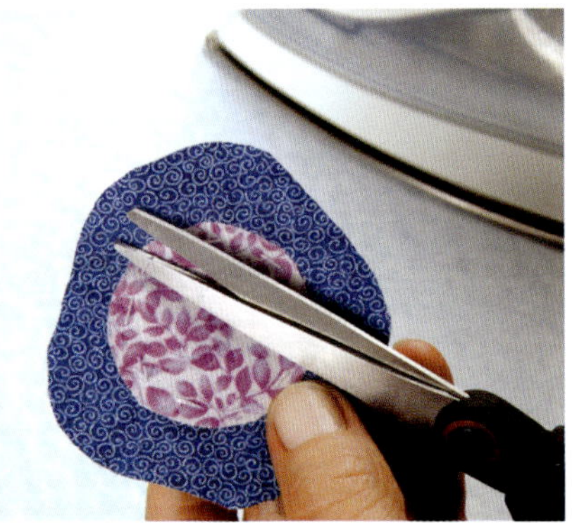

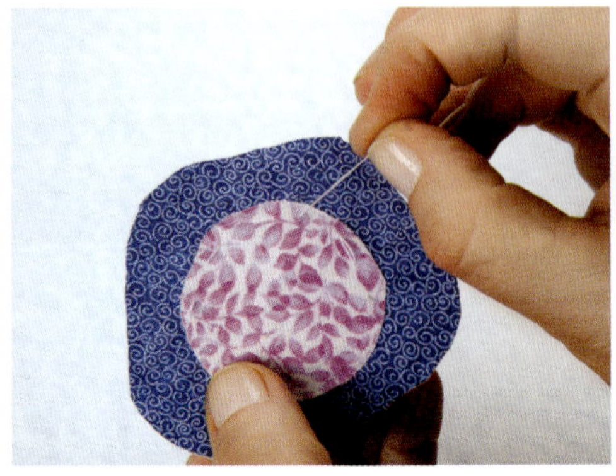

17 Se corta el hilo del hilvanado y se retira. Luego se vuelve a planchar.

18 Se cortan todos los elementos (pétalos y botones) de las flores y se organizan los colores con los cuales va a representarse cada uno de ellos.

19 Se cosen las flores a la tela.

20 Al distribuir las flores, es importante evitar que se repitan colores en flores vecinas.

21 Antes de coser, se hilvana el dobladillo de los elementos.

22 Como siempre, la fase se termina con el planchado.

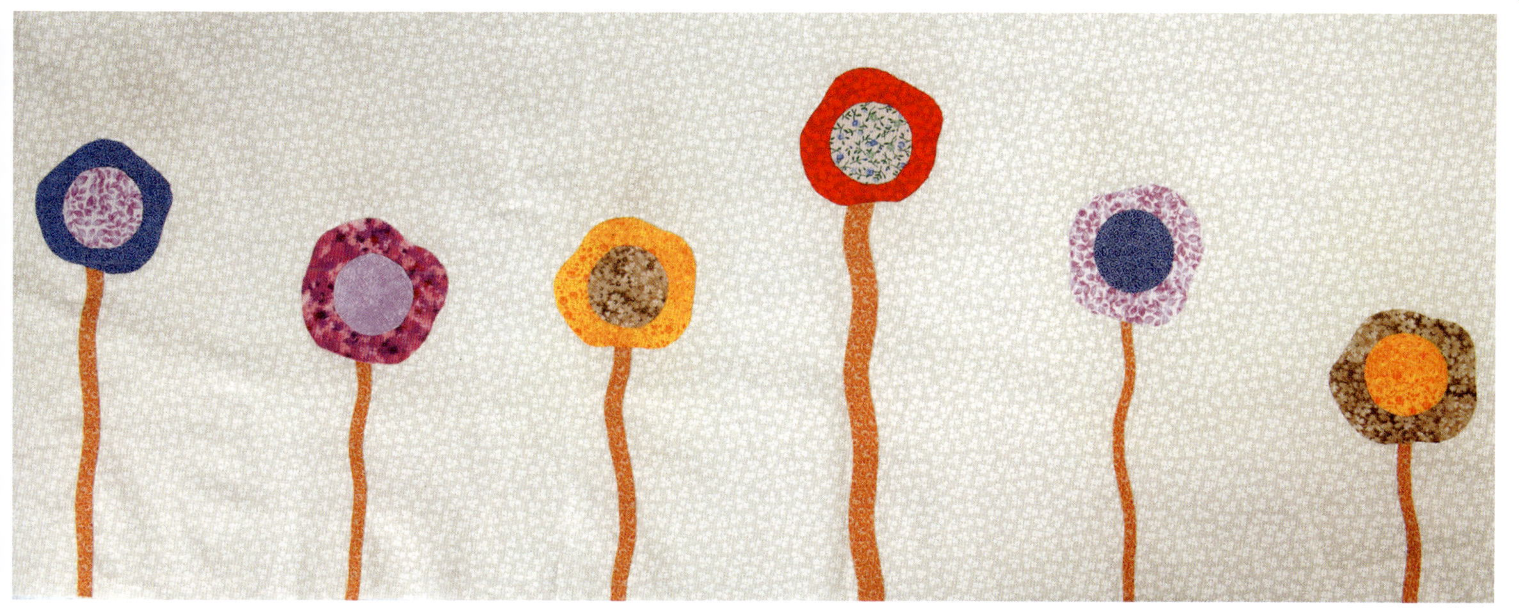

23 He aquí el resultado del trabajo hecho hasta este momento.

●●●● Confección y colocación de las hojas

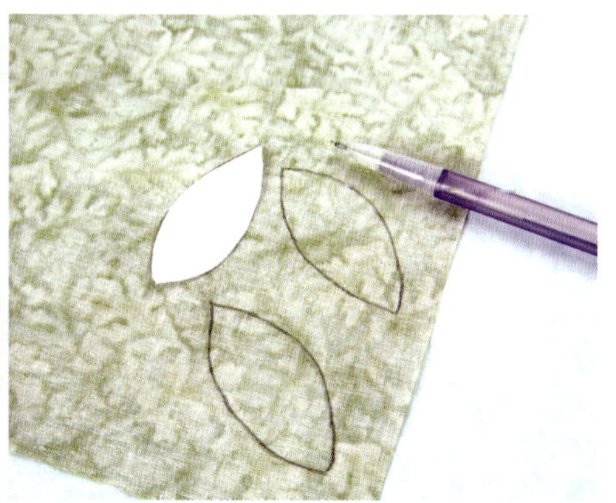

24 Sobre las telas correspondientes se dibujan las hojas.

25 Se corta siempre dejando un margen de costura de 5 mm en todo el perímetro.

26 Es importante que las hojas se corten en telas de diferentes colores.

27 Se realizan pequeños cortes hasta encontrar la línea de referencia.

28 Se hace un dobladillo y se hilvana la hoja en todo su perímetro.

29 Después se plancha para que el doblez quede bien apretado.

30 Se colocan las hojas de manera caprichosa, alternando y combinando tonos, formas y tamaños. No debe olvidarse que la monotonía y la repetición pueden ser fatales para el resultado final.

31 He aquí un detalle del aspecto que presenta nuestro trabajo a estas alturas del proceso.

Confección del marco

32 Se corta una tira cuya medida cubra toda la longitud de la tela. El ancho de esta tira dependerá de la anchura que se desee para el marco.

33 Con la máquina de coser se une la tira con la tela sobre la cual se han montado las flores.

Al planchar la tela que sirve de marco, deberá hacerse primero por el revés y sin abrir costuras y luego se planchará por la cara.

A la hora de decidir el marco de la composición, se debe recordar que un marco es un complemento. Debe servir para rematar y dejar bien acabado el trabajo. No debe competir ni quitar protagonismo a la composición propiamente dicha.

34

En los ángulos de los bordes figura un cuadrado de tela más oscura. Se debe tener cuidado de que las medidas de cada lado de este cuadrado sean exactas y de que estos cuadrados encajen bien con las tiras de los bordes.

35

Con alfileres se asegura que las dos costuras casen perfectamente.

36

Con la máquina se cose todo el marco, bordes y ángulos.

37

Se plancha por el revés para que las costuras queden bien asentadas.

38

Para la trasera del trabajo se corta una tela de las mismas dimensiones del conjunto del proyecto.

39

Con la máquina de coser se unen la delantera y la trasera, cara contra cara, dejando un hueco para darle la vuelta..

Dos cojines a juego

40 Se da la vuelta al proyecto.

41 Con un lápiz se empujan las puntas hacia fuera.

42 Se plancha todo el marco.

43 Se hace un pespunte por el interior del marco para que quede mejor acabado.

Para conseguir un par de elementos que complementen el sobrecama, se han ideado estos dos cojines, naturalmente a juego. Su proceso de elaboración es exactamente el mismo seguido hasta ahora con el sobrecama.

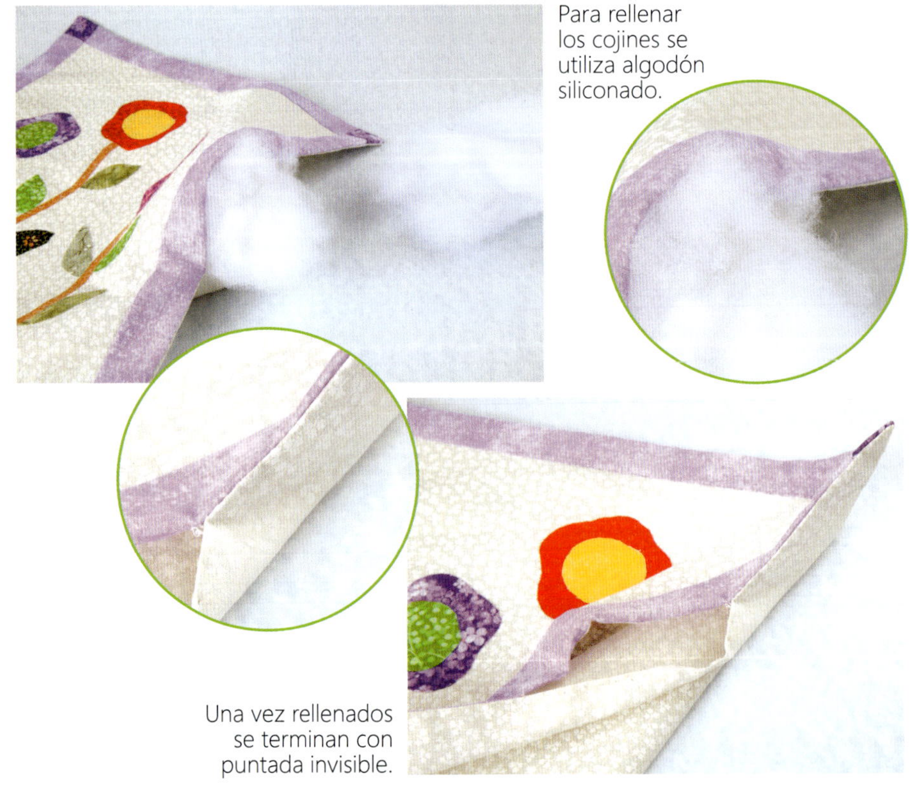

Para rellenar los cojines se utiliza algodón siliconado.

Una vez rellenados se terminan con puntada invisible.

Con unos trozos de telas de colores variados, de la misma gama cromática, se propone en este apartado la realización de un bolso informal, multiuso. Un clásico dentro del patchwork

Bolso de cuadros

- 16 cuadrados de 10 x 10 cm (3 colores)
- 2 cuadrados de guata de 39 x 39 cm
- 2 cuadrados de 40 x 40 cm (forro)
- 2 rectángulos de 10 x 50 cm (tirantes)

●● Preparación y formación de parejas

1 Se cortan piezas cuadradas de 10 x 10 cm en varios colores.

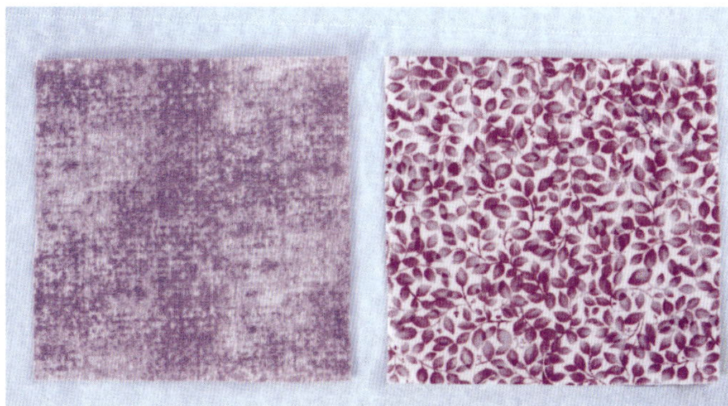

2

Se forman parejas con dos piezas de colores diferentes.

Esquema del bolso que se va a confeccionar. Los patrones de las piezas necesarias se encuentran en la hoja 2, cara 1, dibujados en color verde oscuro.

3

Con la máquina de coser se unen las parejas, derecho contra derechos, cuidando que el cosido quede muy recto y regular.

A la hora de formar parejas con los trozos de tela, debe tenerse en cuenta la combinación de colores que se ha proyectado para el bolso y la manera en que se distribuyen las piezas de un mismo color.

4 Las parejas formadas y unidas se planchan primero por el revés, procurando que la costura que se forme caiga hacia un mismo lado en todas ellas.

5

A continuación, las piezas se planchan por encima.

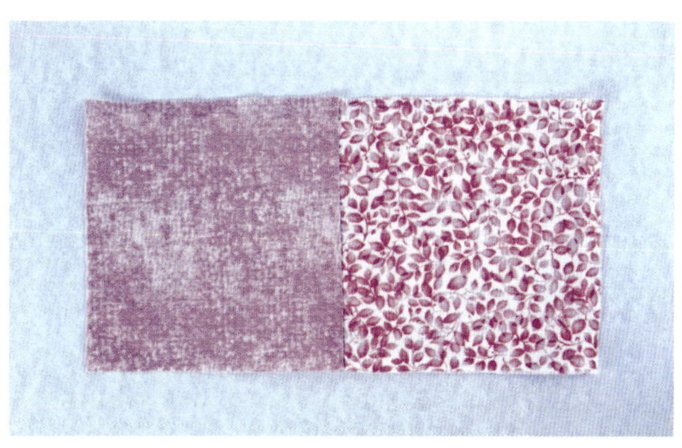

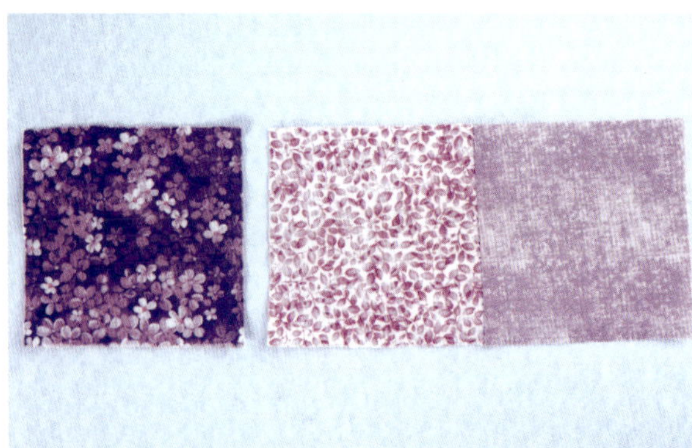

6

Se une a las parejas una tercera pieza de otro color.

7

Las terceras piezas unidas, se cosen derecho contra derecho a sus parejas correspondientes.

8 A continuación, se plancha por el revés, con cuidado de que todas las costuras caigan hacia un mismo lado.

9 Los grupos de piezas se planchan ahora por el derecho.

Observa que tanto en sentido horizontal como vertical, la cuadrícula del diseño consta de hileras de cuatro piezas cada una y que la distribución de estas sigue una disposición cromática en diagonal. Deberás tenerlo muy en cuenta a la hora de confeccionar las diferentes hileras. Así, aunque en cada fila intervengan cuatro piezas de cuatro colores diferentes, no estarán colocadas en la misma posición en el diseño final. Observa la imagen del bolso montado para entender esta cuestión mejor.

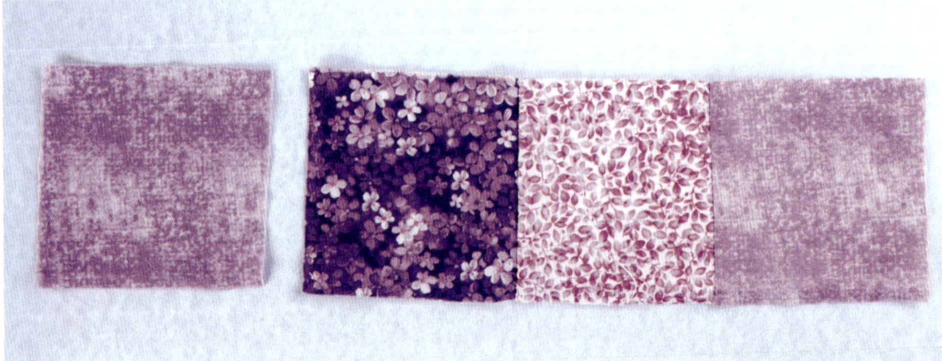

10

Se une la cuarta pieza a una de las hileras de tres que se han montado hasta esta fase.

11

Con la máquina se cose la cuarta pieza a la hilera de tres, derecho contra derecho.

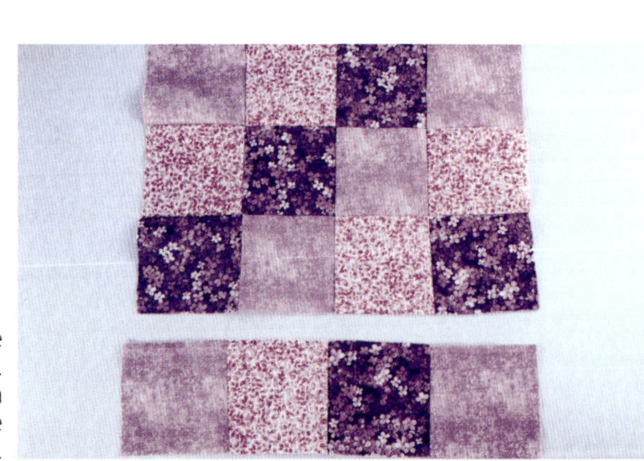

12

Este es el aspecto que ofrece el trabajo en este momento. Debe tenerse en cuenta la distribución de las piezas, de acuerdo con sus colores.

●●● Montaje del conjunto

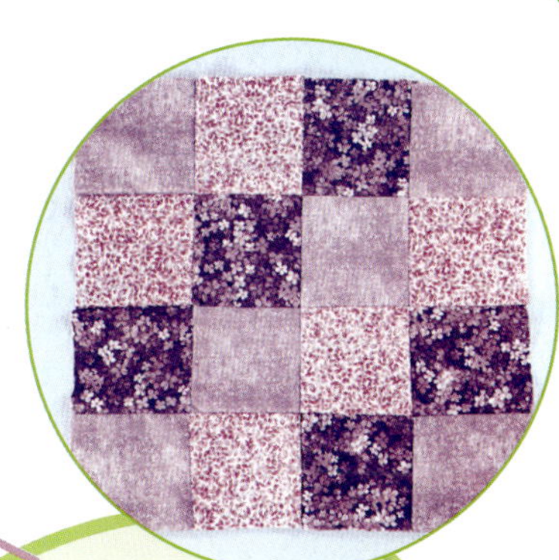

13 Se unen una a una las cuatro hileras, cuidando que las costuras queden rectas.

Cuando se cosan las hileras, deberá procurarse que las líneas horizontales o verticales queden perfectamente rectas y sin irregularidades. Esto es imprescindible para garantizar el encaje final del bolso.

14 Una vez armado y cosido todo el conjunto, se plancha por el revés y después, por el derecho.

15 Se corta una guata que cubra toda el área que ocupa el conjunto de piezas del bolso.

16 Después de cortar la guata, se une a la tela de la parte exterior del proyecto.

Para coser el exterior a la guata, se hace solo por la parte superior, pero desde el centro hacia el exterior, para que la guata quede bien repartida por toda la superficie.

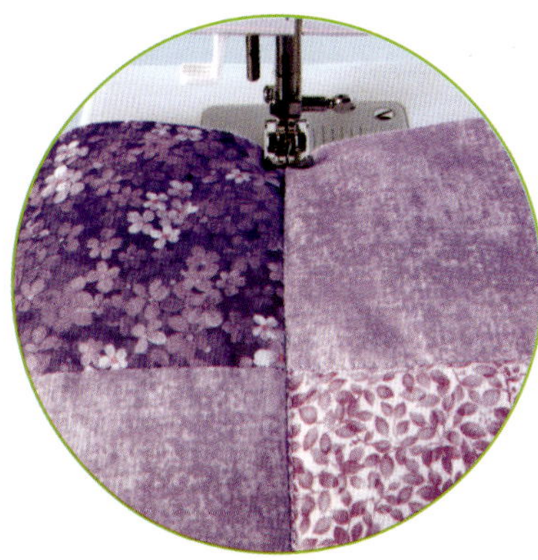

17 Se une la guata a la parte superior y se cose a máquina.

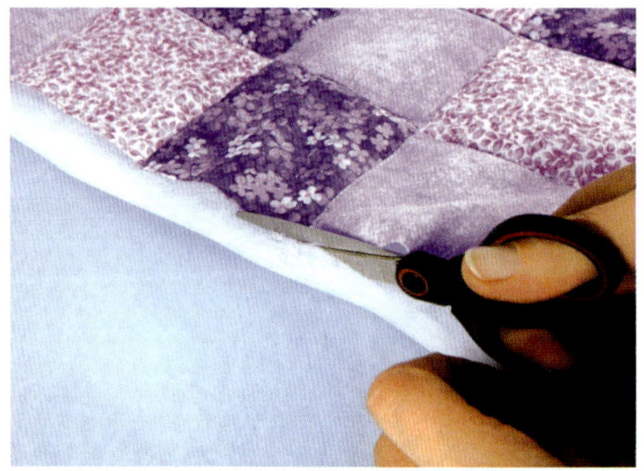

18 Una vez unida, se corta lo que sobre de guata en todo el perímetro.

La clave de este proyecto es la perfecta regularidad en el encaje de las piezas.

19 Se realizan dos conjuntos iguales, que corresponderán a las dos caras del bolso.

20 Se colocan ambas encaradas y se cosen por tres lados.

21 Debe tenerse especial cuidado en que las costuras de ambas piezas coincidan.

22 Una vez cosidas las dos piezas de conjunto, se elimina el sobrante de tela y guata.

23

Se da la vuelta a las dos piezas de conjunto para que las dos caras queden del derecho, es decir, exteriores.

●●● El forro y las asas

24 Se corta el forro de la misma medida que la tela exterior.

25 Se cose por los dos laterales, dejando sin coser la parte superior y la inferior.

26

Ahora tenemos dos piezas iguales que hay que encajar una dentro de otra. Pero antes hay que armar las asas.

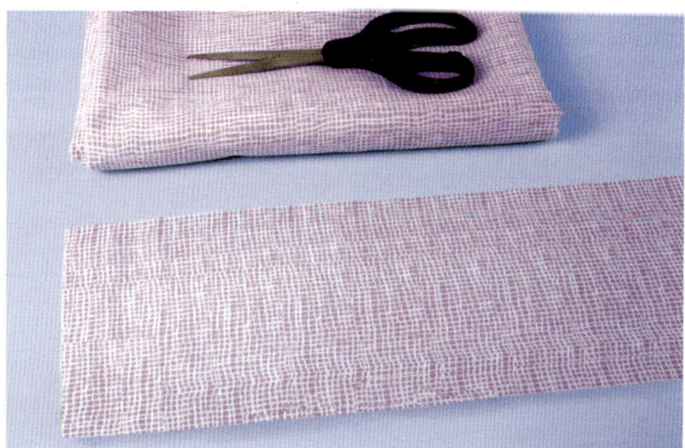

27

En la misma tela del forro se cortan las asas con el largo que se desee.

28

Se cose por el lateral.

29

Se le da la vuelta para que el asa quede por el derecho.

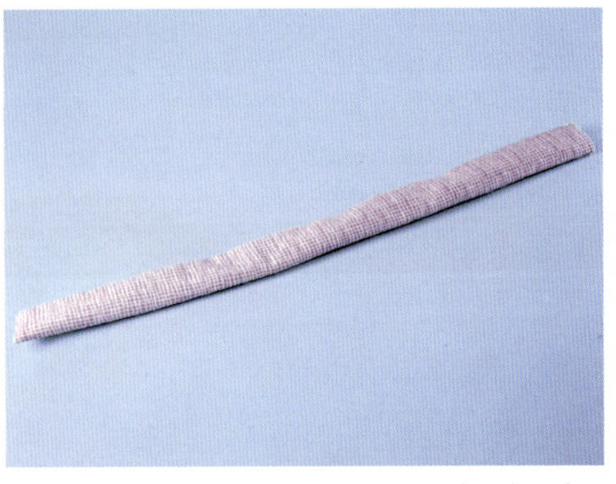 

30 Se planchan las asas, cuidando que la costura caiga a un lado, no hacia el centro.

 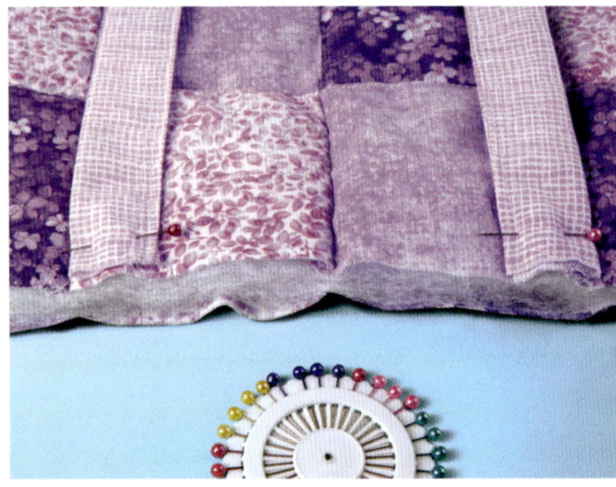

31 Se colocan las asas en su lugar definitivo tal como indica la figura y se aseguran con alfileres.

Para que las asas queden perfectas, es necesario que estén bien planchadas.

32

Una vez aseguradas las asas, se introduce el bolso dentro del forro, derecho contra derecho.

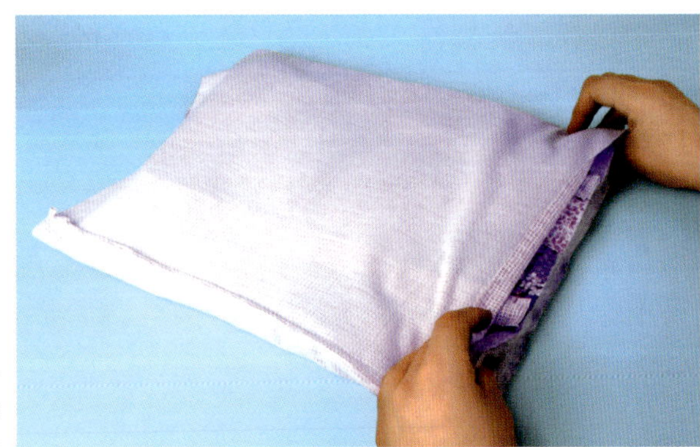

33

El forro debe llegar al borde de la parte exterior del bolso.

34

Se unen las dos partes, forro y exterior, asegurando especialmente las asas.

35

Una vez cosido todo el perímetro, se da la vuelta a la tela del forro y se saca.

36

A continuación, se introduce el forro en el interior del bolso.

Acabado

37 Con las manos se saca el borde de las costuras y en el ancho de la base, se realiza un dobladillo.

Antes de dar el trabajo por terminado se recomienda revisar bien los bordes y asegurar que las asas hayan quedado bien cosidas y fijadas en su lugar.

38 Se saca el forro del interior del bolso. No debe olvidarse que dicho forro tiene la base sin coser.

39 Se dobla unos 5 mm hacia dentro la parte inferior del forro.

40 Con la máquina se cose el fondo del forro muy cerca del borde.

41 Se plancha bien el borde inferior del forro.

42 Una vez cosido su fondo, se introduce este en el bolso.

43

He aquí el resultado final.

Frutero multiuso

- 1 cuadrado de 45 x 45 cm (exterior)
- 1 cuadrado de 45 x 45 cm (forro)
- 1 cuadrado de guata de 45 x 45 cm
- 4 cuadrados de 40 x 40 cm (4 colores para las frutas)
- 2 cuadrados de 20 x 20 cm (hojas)
- 1 bies

Son muchas las cosas de la casa utilizadas a diario que pueden elaborarse con patchwork y que resulten originales e incluso decorativas. El frutero que proponemos puede también tener otras muchas utilidades.

Este es el patrón que se ha utilizado para nuestro frutero. Los patrones a tamaño real se encuentran en la hoja 2, cara 2, donde figuran dibujados en color naranja.

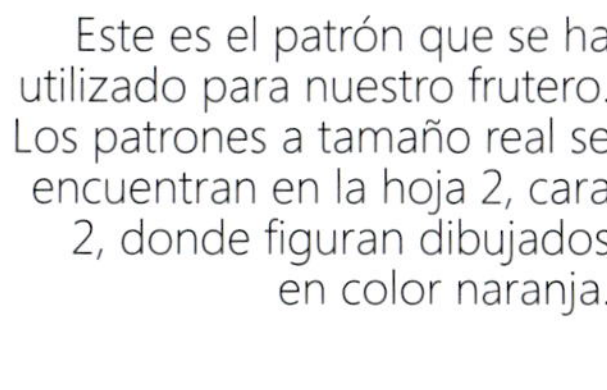
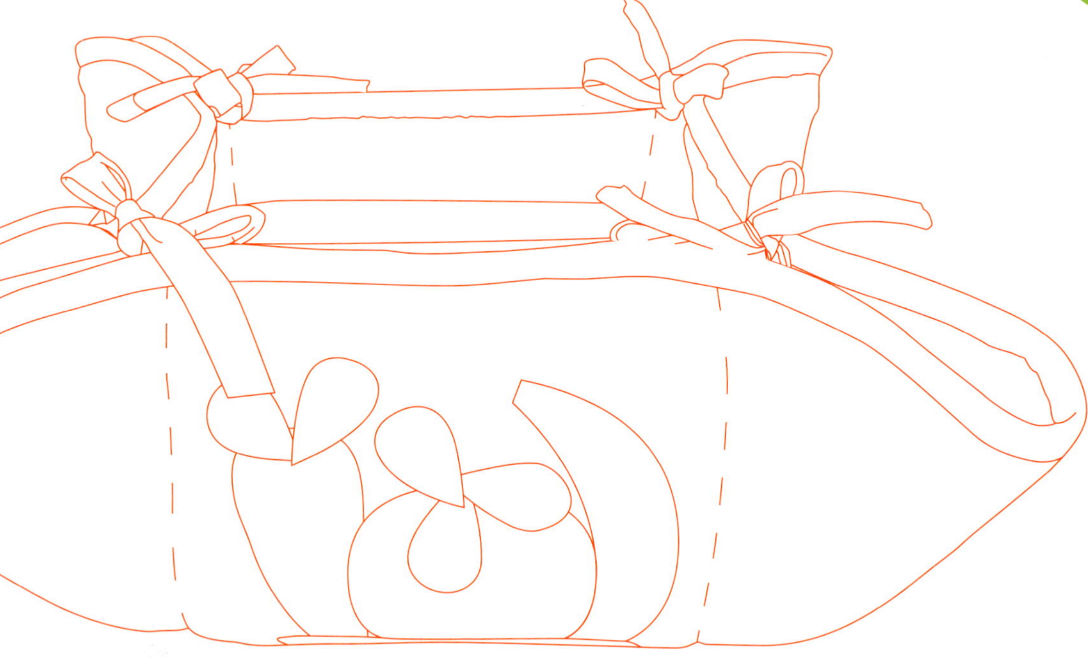

● ● ● Preparación

1 Se cortan tres cuadrados, uno para la cara exterior, otro para el forro y otro para la guata, todas las piezas de 45 cm de lado.

2 A los 15 cm del borde se dobla la tela exterior junto con el forro.

3 Con la plancha se marca el doblez.

4 Se hace un segundo doblez igual que el anterior, para que las piezas queden repartidas a tres partes iguales, y se marcan con la plancha.

5 Una vez doblados y planchados, la tela exterior y el forro deben medir 45 x 15 cm.

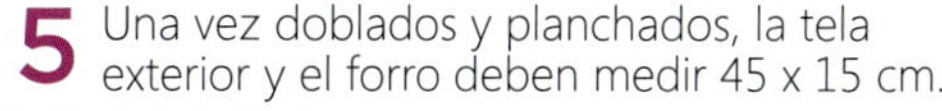

6
Ahora, por el lado más largo, se doblan hacia dentro los dos extremos, de manera que al final quede un cuadrado de 15 x 15 cm. Se plancha de modo que los dobleces queden perfectamente marcados.

7
Con el forro se repite el mismo proceso. Se dobla y después se marca con la plancha hasta conseguir un cuadrado de 15 x 15 cm.

8 Una vez desdoblada la tela, los dobleces deberán quedar bien marcados.

●●● Montaje de la base

9 Se superponen las tres piezas: tela exterior, guata y forro, los derechos hacia afuera, y se sujetan con alfileres.

10 Se cosen las tres piezas superpuestas utilizando como guía los dobleces que se marcaron con la plancha.

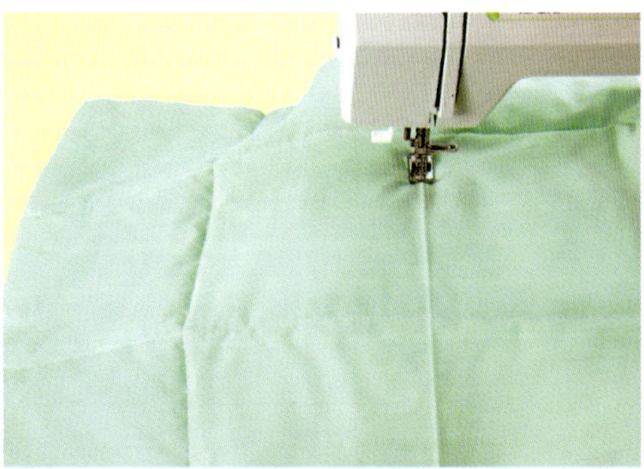

11 Con la máquina se cose por todas las líneas marcadas para que al final quede un todo uniforme.

12 Una vez cosido el conjunto, se cortan los sobrantes que se hayan producido.

13 Así es tal como debe quedar el trabajo en este momento por los dos lados..

14 Para redondear los ángulos, se utiliza como guía un plato. Así, se marca con lápiz la línea de corte.

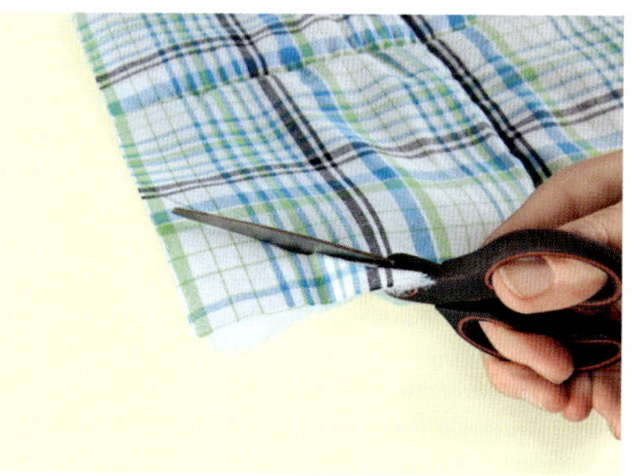

15 Con las tijeras se corta por la marca dibujada.

16 Se repite la operación en los cuatro ángulos.

17 Para el ribete del borde se utiliza una un bies de una tela que contraste con el tono del frutero. Podemos hacerlo con una tira de unos 4 cm de ancho.

18 Se dobla la tira 1 cm hacia dentro por ambos lados, de manera que quede una tira de 2 cm de ancho. Se marcan con la plancha.

19 Se hilvana la tira a la tela por el reverso (cara contra cara...

20 ... y luego se cose con la máquina.

En este tipo de costuras con ángulos redondeados es muy importante poner especial atención a la puntada: no debe salirse de la trayectoria y han de quedar puntadas regulares.

21 Se da la vuelta hacia la parte de fuera...

22 ... y con la máquina se cose ahora por el borde.

●●● **Adornos vegetales**

23 Este es el aspecto del frutero en esta fase del proceso.

24 Con telas de distintos colores se cortan diferentes frutos: zanahorias, tomates, pepinos, plátanos y hojas para adornar el frutero.

25 Se cose a mano con puntada invisible primero la zanahoria en su lugar correspondiente.

26 Luego se cose el tomate.

27 Después, se cose el plátano.

28

Y por último, el pepino.

29

Estos cuatro últimos pasos se repiten en cada uno de los lados del frutero, de manera que el conjunto decorativo quede simétrico. Una vez terminados estos pasos, así quedará nuestro frutero.

30

Con puntada invisible se cosen las hojas de los vegetales.

31

Una vez terminado, cada grupo debe verse así.

32

Observe el aspecto que ofrece nuestro frutero en este momento.

Anudado de la panera

33

Con el mismo bies o tela que se ha utilizado para el ribete, hacemos los lazos de la panera.

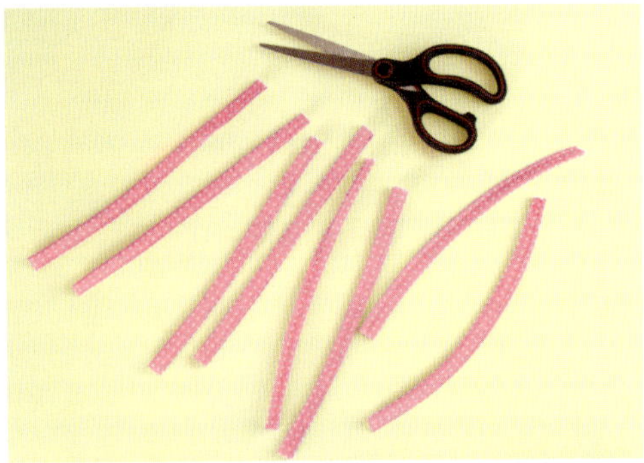

34 Se cortan ocho tiras de 15-20 cm de largo cada una.

35 Se cosen por la parte interior del frutero en los puntos donde se ubican los pliegues y junto al borde.

36 Se le da la vuelta y se asegura el cosido con una nueva pasada de máquina.

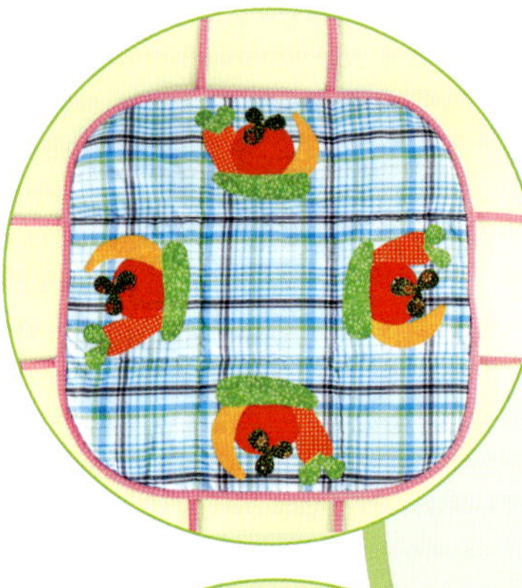

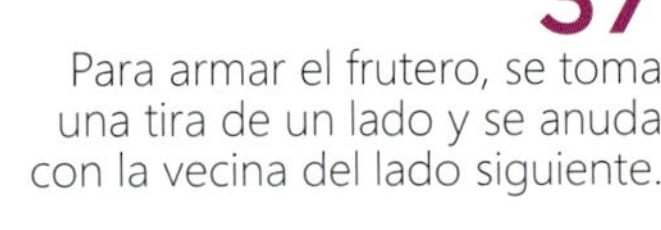

Observe la ubicación de cada tira para el anudado, coincidente con los dobleces hechos previamente en las telas, que servirán de guía.

37 Para armar el frutero, se toma una tira de un lado y se anuda con la vecina del lado siguiente.

38 Una vez armado, el frutero queda tal como se muestra en estas fotos, visto desde arriba y frontalmente. Después de utilizarlo, se puede plegar para guardarlo. ¡Ocupa muy poco espacio!

Motivo floral

Si en decoración existe un motivo recurrente este es, sin duda, el de las flores, puesto que permiten mil posibilidades. Formas, tamaños, colores, distribución, etc., constituyen un amplio abanico de posibilidades.

- 1 rectángulo de 50 x 120 cm (fondo)
- 5 cuadrados de 30 x 30 cm (5 colores para flores y centros)
- 3 cuadrados de 30 x 30 cm (3 tonos de verde para las hojas)
- 1 rectángulo de 10 x 50 cm (tallos)
- 3 cuadrados de 30 x 30 cm (3 colores para la vasija)
- 1 rectángulo de 10 x 30 cm (vasija)
- 1 rectángulo de 10 x 340 cm (marco)

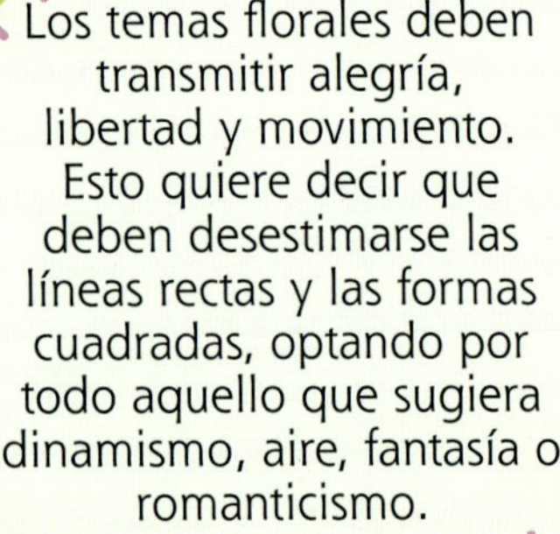

Los temas florales deben transmitir alegría, libertad y movimiento. Esto quiere decir que deben desestimarse las líneas rectas y las formas cuadradas, optando por todo aquello que sugiera dinamismo, aire, fantasía o romanticismo.

Confección de los tallos

1
Se cortan los tallos a diferentes tamaños.

2
Con puntada invisible se cosen los tallos sobre la tela de soporte...

3
... y se planchan para que queden bien asentados.

Los patrones de este proyecto se encuentran en la hoja 2, cara 2, donde han sido dibujados en negro.

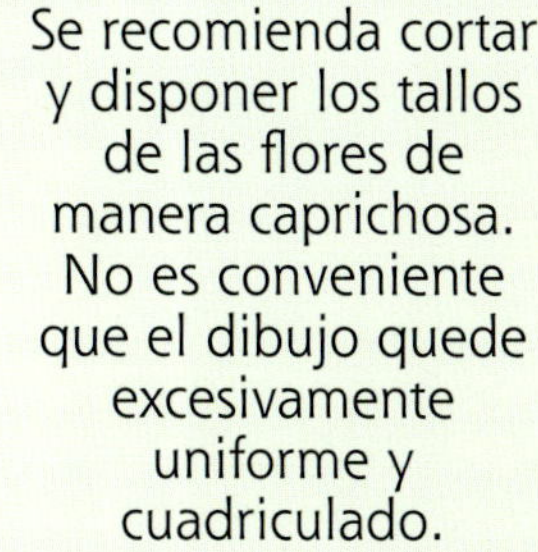

Se recomienda cortar y disponer los tallos de las flores de manera caprichosa. No es conveniente que el dibujo quede excesivamente uniforme y cuadriculado.

Trabajo de las flores

4
Con telas de colores llamativos se cortan las flores grandes, que son las que ocuparán la parte superior de la composición.

5 Se eligen los colores para los botones de las flores anteriores y se cortan en la tela correspondiente.

6 Se hilvanan los dobladillos de las flores grandes y se cosen con puntada invisible.

7 Se cosen los botones a las flores grandes correspondientes.

8 Se planchan las flores.

9 Así es como queda el conjunto de las flores grandes.

10 Se cortan ahora las flores pequeñas y sus botones correspondientes.

Siempre que se tengan que superponer dos o más telas, como en este caso las de las flores, se debe tener especial cuidado a la hora de elegirlas para acertar en la combinación de colores y texturas.

11
Se hilvanan los dobladillos de las flores pequeñas y se colocan en su lugar en el motivo decorativo.

12 Estas flores pequeñas se distribuyen adecuadamente en los dos tercios inferiores del cuadro.

13 Una vez colocadas y cosidas, las flores pequeñas se planchan.

14 Se cosen los botones a las flores pequeñas.

El hecho de que, después de cada paso realizado sea necesario planchar es para que los elementos añadidos queden mejor asentados en el conjunto

15
Sobre telas de diferentes tonos y texturas de verde, se cortan varias hojas a distintos tamaños.

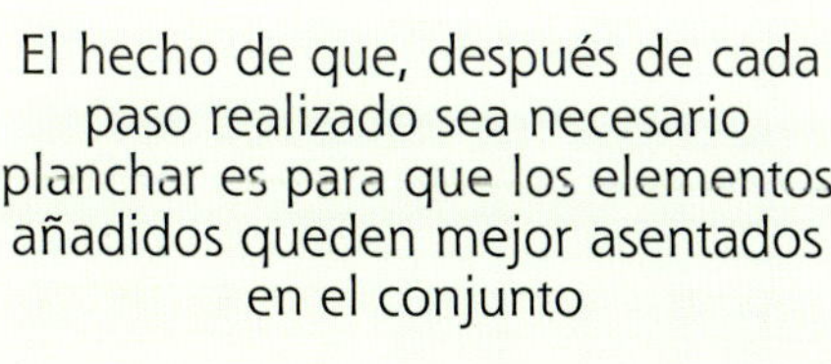

16
Se distribuyen adecuadamente las hojas, procurando que los colores y las formas queden correctamente repartidos por el conjunto de la composición.

Motivo floral

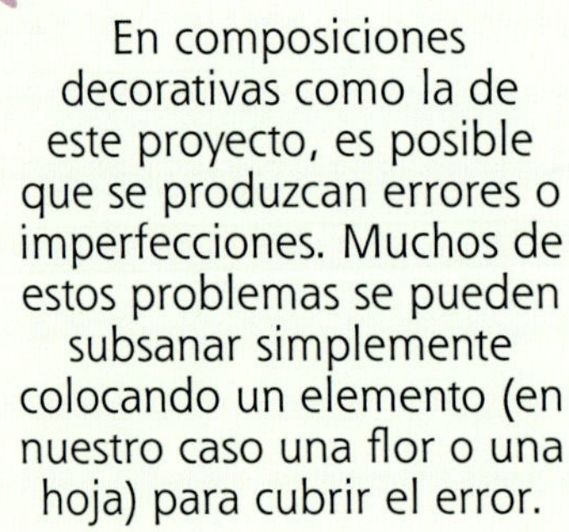

En composiciones decorativas como la de este proyecto, es posible que se produzcan errores o imperfecciones. Muchos de estos problemas se pueden subsanar simplemente colocando un elemento (en nuestro caso una flor o una hoja) para cubrir el error.

17 Una vez colocadas todas las flores pequeñas y hojas, se planchan.

18 Este es el aspecto que presenta nuestro trabajo en esta fase del proceso.

●●● Confección del cuenco

19 Cuando se elijan las telas para el cuenco, se dejará el color más claro en el centro y el más oscuro en los extremos. Con ello se conseguirá dar a este elemento una sensación de relieve y más volumen.

20 Para la confección del cuenco o recipiente, se cortan las piezas de acuerdo con los patrones, dejando siempre un margen de costura de 5 mm en todo el perímetro.

21 Sobre la tela se marca el recorrido que deberá seguir la máquina de coser con una línea. Así se facilitará el trabajo y se ayudará a que este quede mejor acabado.

22 Con la máquina de coser se unen las diferentes piezas del cuenco, utilizando como guía la línea trazada para la máquina en el paso anterior.

23 Con las manos y los dedos se ajustan y acomodan las costuras que se han formado.

24 Se plancha, primero por el revés y después, por el derecho.

Una vez cosidas todas las piezas que forman el cuenco, se recomienda cortar las hebras que hayan resultado para que el trabajo quede más limpio.

25 Se repite la operación (ajuste, cosido y planchado) con el resto de las piezas.

26 Para formar la parte posterior del cuenco, se corta en la tela una pieza de la misma medida que el conjunto de piezas que forman la parte anterior.

27

Se unen las dos partes, anterior y posterior del cuenco, derecho contra derecho, dejando un hueco para dar la vuelta.

28

Se cortan los sobrantes de la tela, aunque siempre dejando un margen de seguridad para evitar el descosido.

29 Se da la vuelta, procurando que las puntas queden bien desplegadas.

30

Se plancha, asegurando bien tanto los bordes como las puntas.

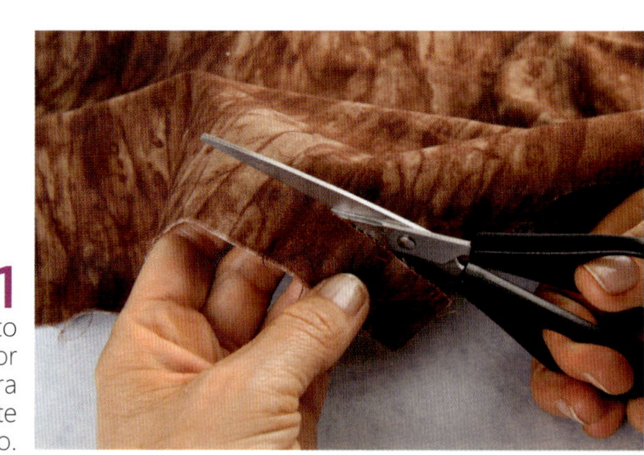

31

Se corta un trocito de tela de color más oscuro para confeccionar el remate superior del cuenco.

32 Se dobla a unos 5 mm y, con la plancha, se marca el doblez.

33 Se cose la tira a la parte superior del cuenco derecho contra derecho.

36 Se coloca el cuenco en el lugar que le corresponde como base de todo el motivo floral y se asegura con alfileres.

34 Se doblan las esquinas hacia dentro y se le da la vuelta hacia el frente.

35 Aprovechando el doblez marcado antes, se dobla y se cose con la máquina.

37 Se hilvana un dobladillo por todo el perímetro.

38 Se verifica que todo quede en su sitio correctamente y después, se cose al fondo por el borde.

39 Se cortan y se retiran los hilos dl hilván.

40 Se plancha todo el cuenco para que quede bien ajustado con los tallos de la base.

●●● Confección del marco

41 Para la banda que servirá de marco, se corta una tira larga de 4 cm de ancho.

42 Se cose esta tira al borde de la tela de soporte por la parte posterior.

43 Se da la vuelta y, con los dedos, se hace un doblez de 5 mm...

44 ... y se coloca la tira sobre el borde anterior de la tela de soporte.

45 Se plancha el borde para que quede bien liso y pegado.

46 Se asegura la banda con varios alfileres para que no se mueva.

47 Se cose la banda a la tela de soporte por el borde interno.

48 Se retiran los alfileres y se plancha todo el marco.

Motivo vegetal decorativo

Se propone en este capítulo la realización de un interesante proyecto decorativo para decorar una pared. Se trata de un trabajo exigente que requiere tiempo, atención y cuidado de los detalles. El dibujo, la composición, los colores, etc. constituyen un conjunto de factores determinantes en el resultado final.

- 1 rectángulo de 60 x 160 cm (fondo)
- 5 rectángulos de 30 x 50 cm (en diferente color)
- 1 cuadrado de 30 x 30 cm (follaje)
- 4 cuadrados de 40 x 40 cm (4 colores para las hojas)
- 4 rectángulos de 5 x 10 cm (colores diferentes para la flor)
- 2 rectángulo de 7 x 20 cm (tallos cortos)
- 1 rectángulo de 5 x 200 cm (tallos largos)

●● Preparación y confección de la base

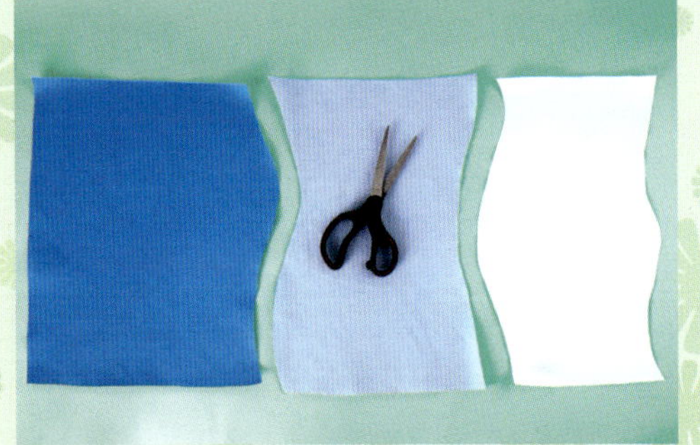

1 Se cortan las 5 piezas que se van a utilizar para la base, añadiendo 5 mm de costura.

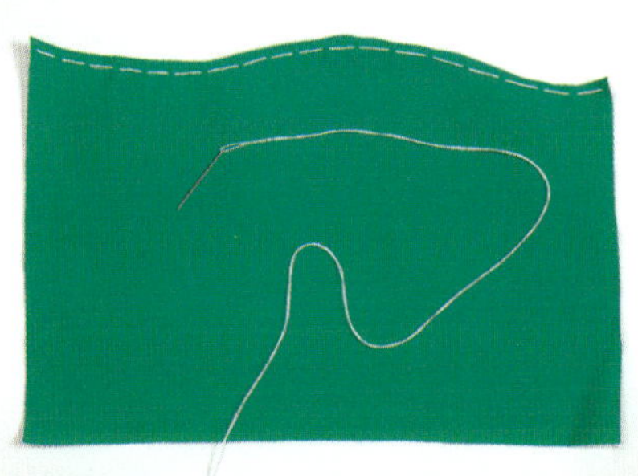

2 Se hilvana un dobladillo alrededor de las tres piezas.

3 Se cosen las piezas a la tela del fondo con puntada invisible.

Este es el dibujo base del motivo vegetal decorativo. Los patrones de las piezas y/o elementos que lo componen se encuentran en la hoja 2, cara 2, dibujados en color violeta.

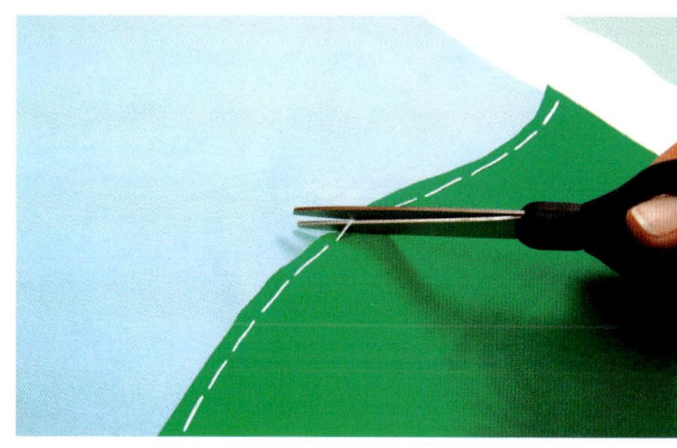

4

Se cortan las bastas y se retiran.

5

Se planchan las piezas que se han cosido.

6

He aquí la base de la composición tal como está en este momento del proceso.

Es necesario trabajar y combinar hojas de distintos tamaños y formas. Déjese llevar por la imaginación y también por algo de improvisación, corrigiendo sobre la marcha todo aquello que estime conveniente.

●●● Tallos

7

Se cortan las piezas de los tallos de las plantas.

8 Sobre la base se disponen las piezas de los tallos finos.

9 Se cosen las piezas de los tallos finos a la base y después, se planchan.

10 Se presentan, cosen y planchan los tallos más gruesos de las plantas.

●●● Hojas azules

11 Se cortan las hojas pertenecientes al primer grupo.

12 Se hilvanan los dobladillos alrededor antes de coserlas a la base.

13 Se colocan las hojas en su ubicación definitiva.

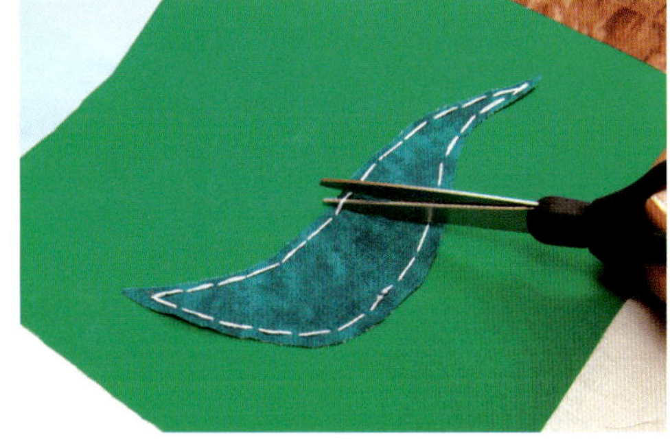

14 Con puntada invisible se cosen las hojas.

15 Una vez cosidas, se cortan y retiran los hilvanes.

16 Cuando se hayan colocado las hojas de este primer grupo, se planchan.

17

Este es el aspecto que ofrece el trabajo en este momento.

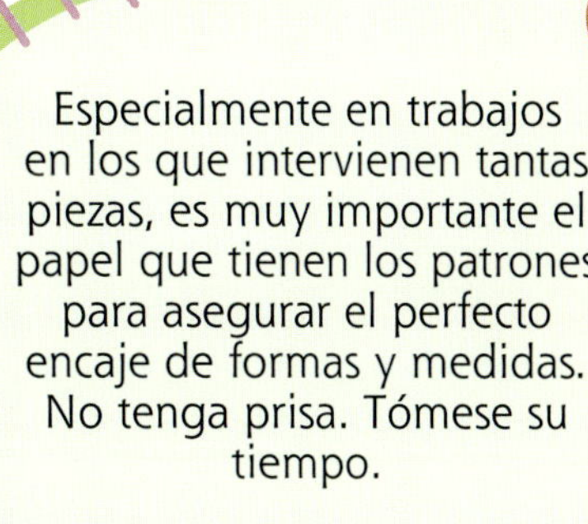

Especialmente en trabajos en los que intervienen tantas piezas, es muy importante el papel que tienen los patrones para asegurar el perfecto encaje de formas y medidas. No tenga prisa. Tómese su tiempo.

Planta de primer término

18

Con la ayuda del patrón se corta la planta.

19

Se hilvana un dobladillo por todo el contorno de la planta.

La planta de primer término no solo actúa como elemento decorativo que da profundidad al motivo; también puede utilizarse para cubrir las imperfecciones que presenten los elementos colocados hasta ahora.

20

Con puntada invisible y con el mismo color de la tela, se cose la planta a la base.

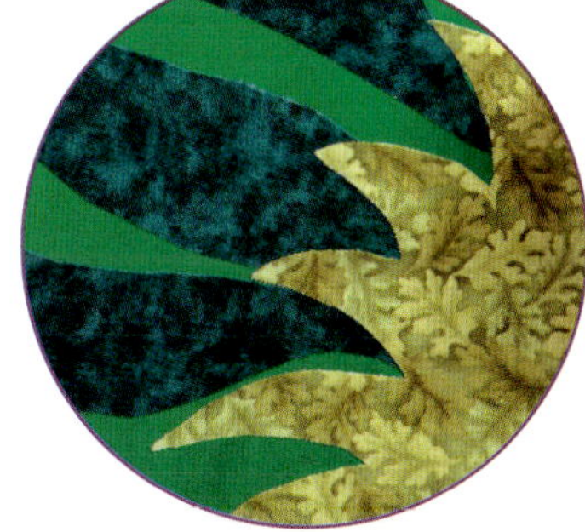

21

Una vez cosida, se plancha.

●●● Hojas rojas

22 Se cortan con la tela roja las hojas necesarias.

23 Igual que se hizo en las del grupo anterior, se hace un dobladillo y se hilvana.

24 Se van colocando las hojas en su lugar correspondiente.

Como apareden muchas hojas en este proyecto, es mejor no utilizar siempre el mismo modelo (forma y tamaño), ya que quedaría más pobre. Por eso en la hoja de patrones figuran diferentes tipos de hojas que ayudarán a dar variedad y verosimilitud al conjunto.

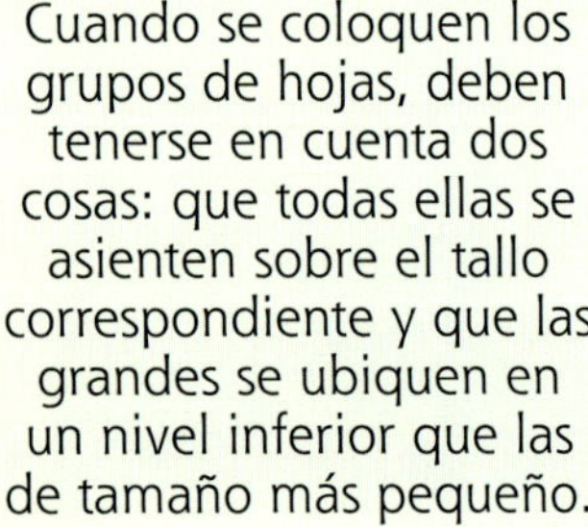

Cuando se coloquen los grupos de hojas, deben tenerse en cuenta dos cosas: que todas ellas se asienten sobre el tallo correspondiente y que las grandes se ubiquen en un nivel inferior que las de tamaño más pequeño.

26

Este es el aspecto de nuestro trabajo en este momento del proceso.

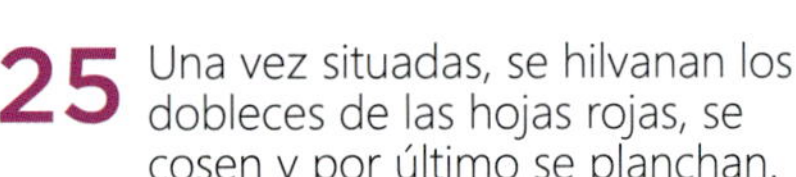

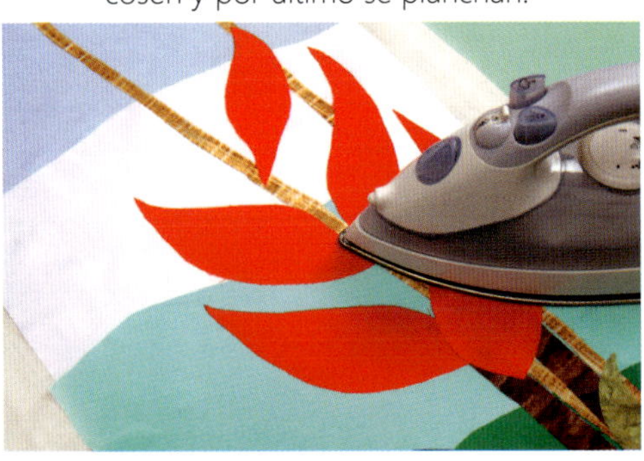

25 Una vez situadas, se hilvanan los dobleces de las hojas rojas, se cosen y por último se planchan.

●●● Hojas amarillas

27

Se cortan las hojas necesarias.

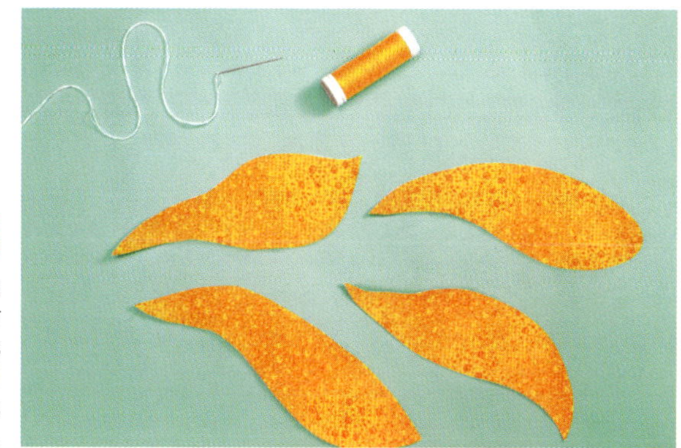

28

Cuando se vayan a coser, se deberá utilizar un hilo del color más semejante posible al de la tela de las hojas correspondientes.

29

Se cosen con puntada escondida después que se hayan presentado e hilvanado los dobleces alrededor de todas.

30 A continuación, se planchan se planchan.

Si se producen algunos errores o imperfecciones pueden disimularse cubriéndolos con las hojas que se vayan colocando.

Cuando se coloquen las hojas amarillas, se recomienda que se superpongan en algunos puntos a las hojas rojas, puesto que ello aportará un aire más dinámico y suelto al conjunto. A veces, la excesiva rigidez, lejos de resultar atractiva, empobrece una obra decorativa.

●●● Hojas rosas

31 Este es el aspecto que presenta nuestro trabajo en estos momentos.

32 Se cortan ahora las hojas necesarias para este grupo.

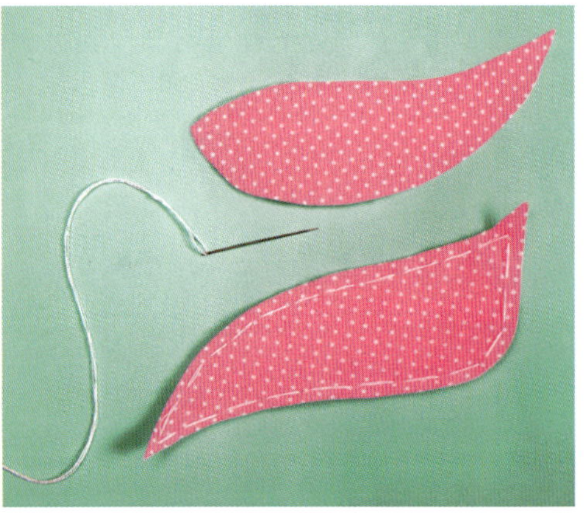

33 Se presentan en su lugar, se hilvanan los dobladillos, se cosen y se planchan.

34 Como los tallos se van separando progresivamente, las hojas rosas se repartirán en dos grupos, para que así quede más despejado el motivo en su conjunto.

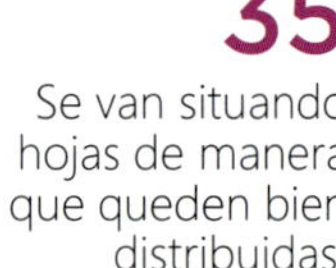

35 Se van situando hojas de manera que queden bien distribuidas.

36

Con unas pocas hojas, puede conseguirse un buen trabajo, evitando que quede recargado.

37

Se cosen las hojas y después, se planchan.

●●● Flor

38

Se cortan los pétalos de la flor.

39

Se hilvanan los dobladillos de todos los pétalos.

40

Con puntada invisible se cose uno de los pétalos. Después, se corta y retira el hilván.

41

Una vez retirados los hilvanes, se plancha.

Antes de entrar en la fase final del trabajo, será bueno dar una ojeada a todo cuanto se ha hecho hasta ahora. Un trabajo de este tipo corre el riesgo de quedar abigarrado, excesivamente lleno o estático. No dude en mover, introducir, eliminar o corregir todo aquello que crea que pueda ayudar a conseguir un resultado final convincente.

42

Se repite el procedimiento en el segundo pétalo y se cose con puntada invisible.

43

Una vez cosido cada pétalo, se plancha.

44

Se cose y plancha el último pétalo.

45

Así es como ha quedado nuestra flor.

46

Este es el aspecto que ofrece el proyecto una vez terminado.

Motivos decorativos

La variedad de elementos que pueden realizarse en patchwork es enorme y la cantidad de motivos decorativos capaces de ser utilizados en las creaciones más diversas, prácticamente infinita. Por esta razón presentamos de un muestrario de motivos decorativos que podrán servir de referencia o inspiración a la hora de crear mantas o *quilts*, pero también otros elementos menores como servilletas, cojines o cubrecamas, centros de mesa, frisos, composiciones en mosaico, cuadros... Existen mil formas y composiciones, múltiples combinaciones de colores, un número inmenso de posibilidades.

Motivo 1

• 1 cuadrado de 30 x 30 cm (fondo)
• 2 cuadrados de 25 x 25 cm (colores diferentes para la flor)
• 1 cuadrado de 4 x 4 cm (centro de la flor)
• 1 rectángulo de 5 x 20 cm (tallo)

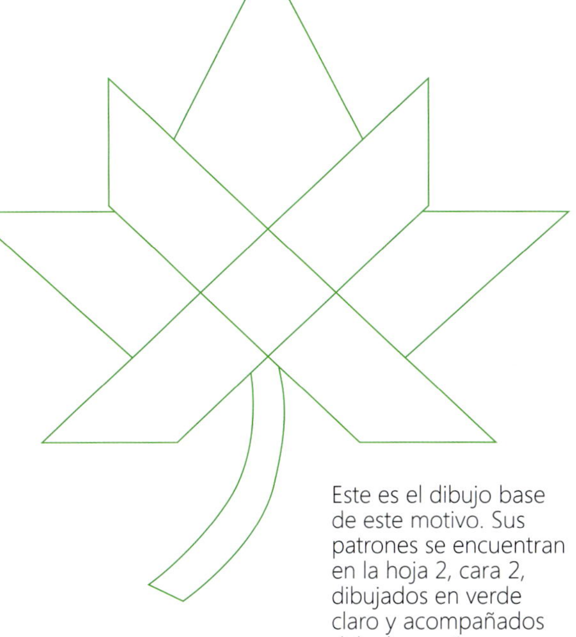

Este es el dibujo base de este motivo. Sus patrones se encuentran en la hoja 2, cara 2, dibujados en verde claro y acompañados del número 1.

He aquí el conjunto de telas que se van a necesitar para este motivo.

Para la realización de este proyecto se aconseja dibujar previamente un boceto sobre papel vegetal, que será de gran ayuda para garantizar la geometría del conjunto y facilitará la correcta colocación de las piezas.

1

Se cortan todas las piezas.

2

Se coloca la pieza de tela sobre la superficie de trabajo y después, sobre esta, se coloca el boceto para garantizar que sus medidas sean exactas.

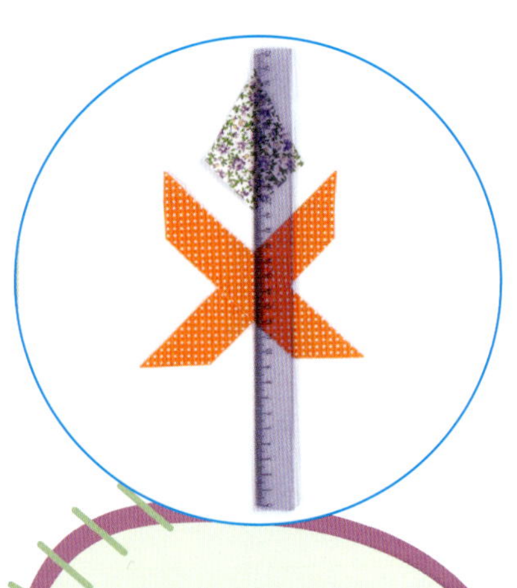

Cuando se trate de realizar un motivo decorativo basado en la geometría, no olvide utilizar para el boceto previo la regla y el compás. Se trata de herramientas imprescindibles.

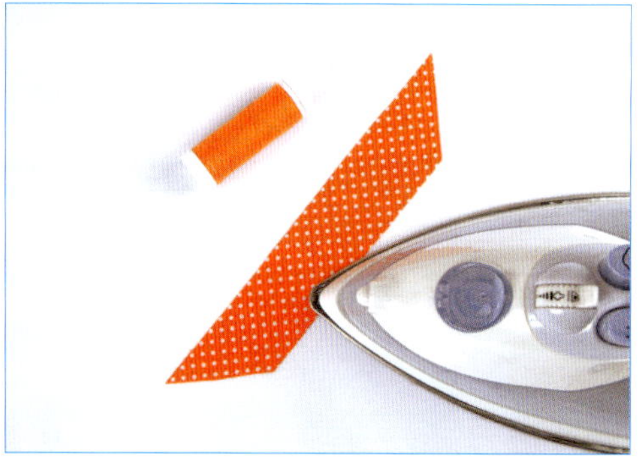

3 Una vez asegurado que la pieza se encuentra en posición correcta, se cose con puntada invisible y se plancha.

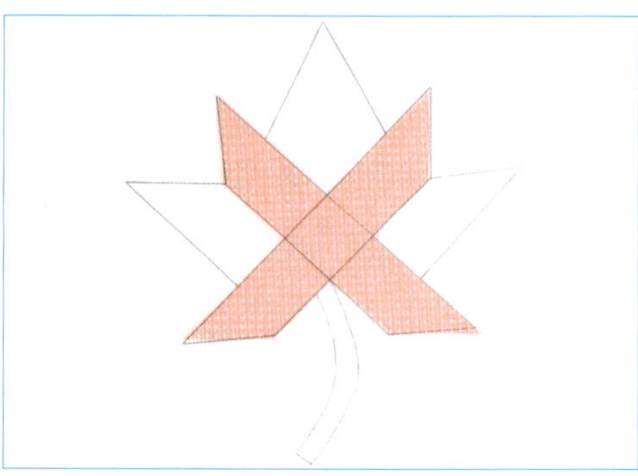

4 Para colocar la segunda pieza se vuelve a utilizar el boceto para garantizar la corrección del trabajo.

5 Se cose y se plancha cuidadosamente.

6 Sin la ayuda del boceto se colocan las piezas restantes, en este caso la hoja central, que luego se coserá con puntada invisible.

7

Se colocan el resto de piezas para formar el trifolio y luego se plancha.

8

Se cose ahora el tallo de la hoja y se plancha.

9

Se coloca la parte central
de la flor y se cose.

Aunque se trata de un
motivo geométrico
simple, es importante que
todas las piezas tengan
las medidas y formas
exactas, ya que han de
encajar unas con otras; en
caso contrario, los errores
pueden quedar a la vista.

10

Este es el
resultado final.

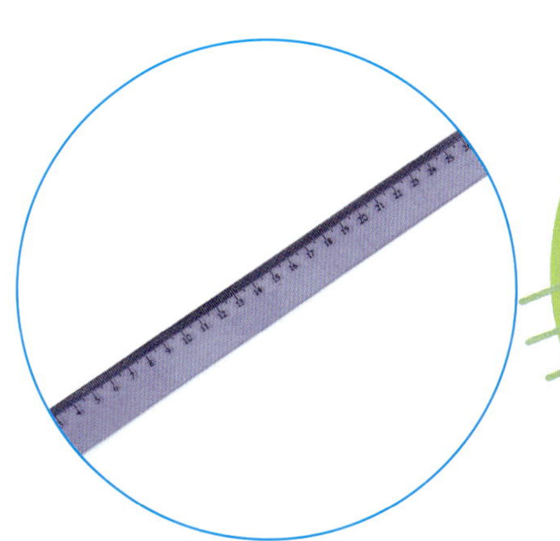

Para poder trabajar
correctamente y asegurar
que todo resulte bien
cuadrado y ajustado de
medidas, en estos motivos
de base geométrica
conviene utilizar la regla y
el compás.

Motivo 2

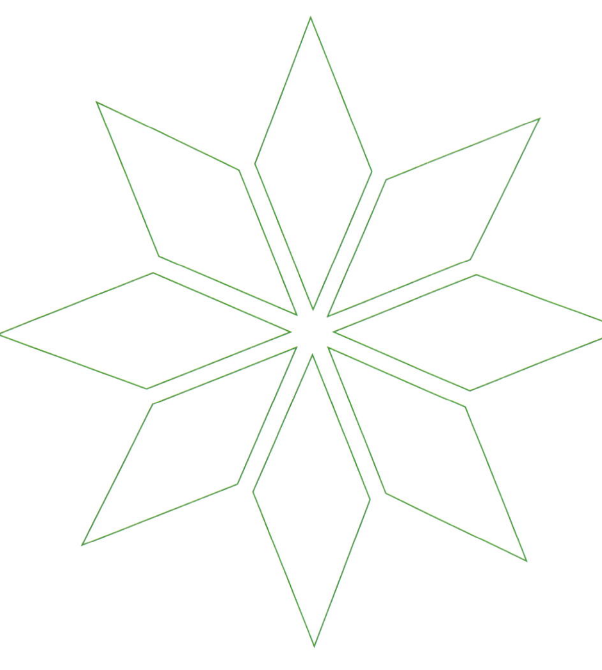

Este es el dibujo base del motivo 2. Sus patrones se encuentran en la hoja 2, cara 2, dibujados en verde claro y acompañados del número 2.

He aquí el conjunto de telas que se van a necesitar para este motivo

1

Se cortan las piezas requeridas.

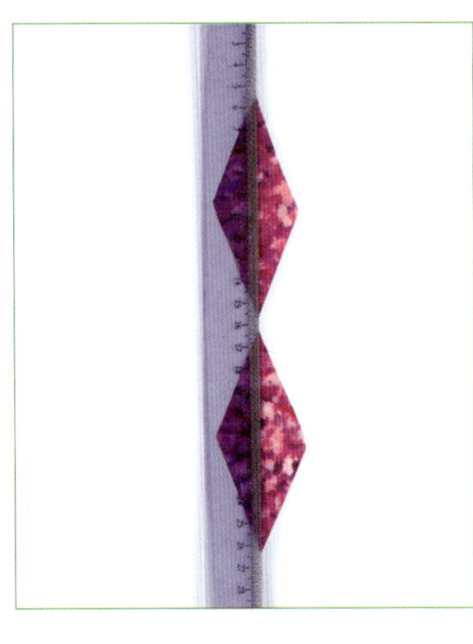

2

Con la ayuda de la regla se presentan los dos primeros pétalos del motivo para asegurar su colocación, bien alineados.

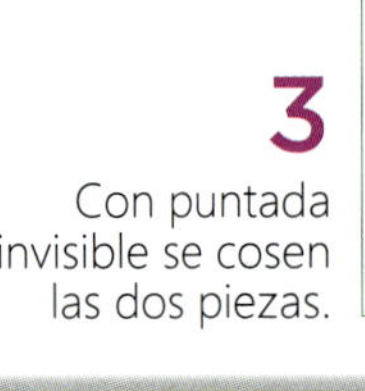

3

Con puntada invisible se cosen las dos piezas.

4 Se plancha cada rombo.

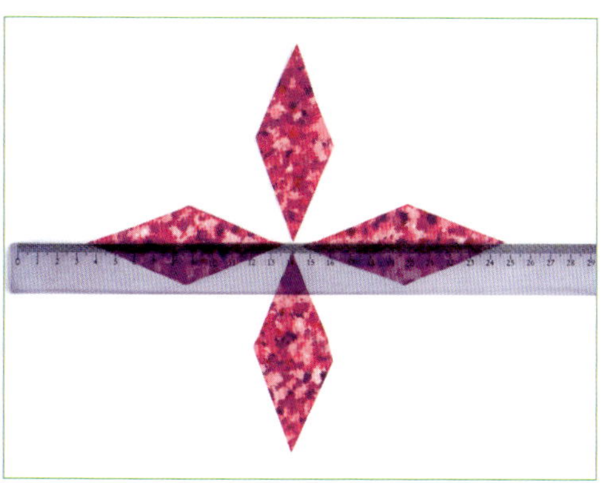

5 Con ayuda de la regla se asegura que los rombos 3 y 4 queden bien alineados y formando una cruz perfecta. Se cosen con puntada invisible y se planchan.

6

Con los rombos de color azul se llenan los espacios que quedan libres entre los rombos rojos.

En los motivos de base geométrica es muy importante, antes de colocar cada pieza, asegurar, mediante la regla y/o el compás, su perfecta colocación para evitar que el conjunto quede arruinado.

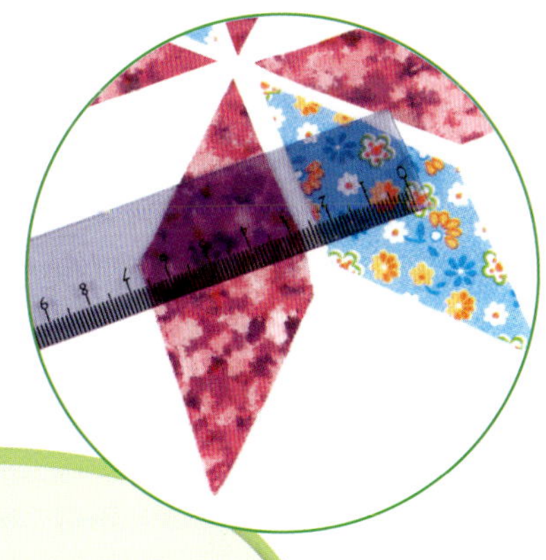

Hay que tener cuidado de que los pequeños espacios libres que queden entre rombo y rombo, sean lo más correctos posible.

7

Una vez asegurada la perfecta colocación de los rombos, se planchan.

8 Se terminan de colocar los rombos que faltan y se cosen.

9 Una vez acabados de colocar todos los rombos, se plancha el conjunto.

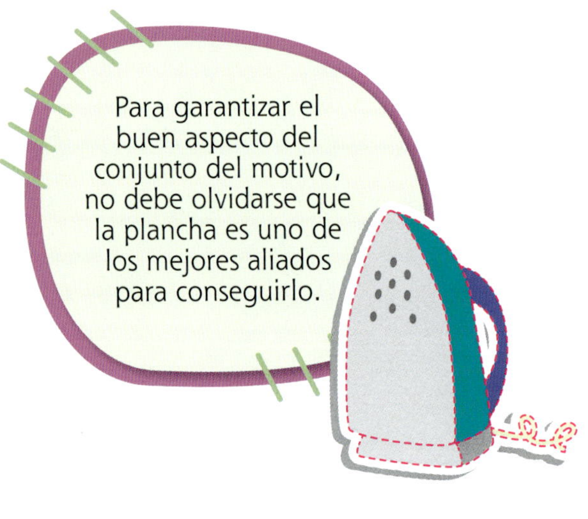

10 Este es el resultado final.

●●● Tres posibles variantes de este mismo bloque:

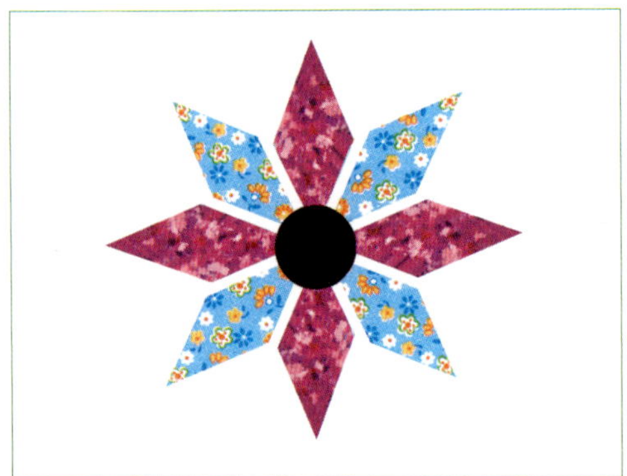

Se ha añadido un botón central.

Se ha suprimido el espacio en blanco entre rombos.

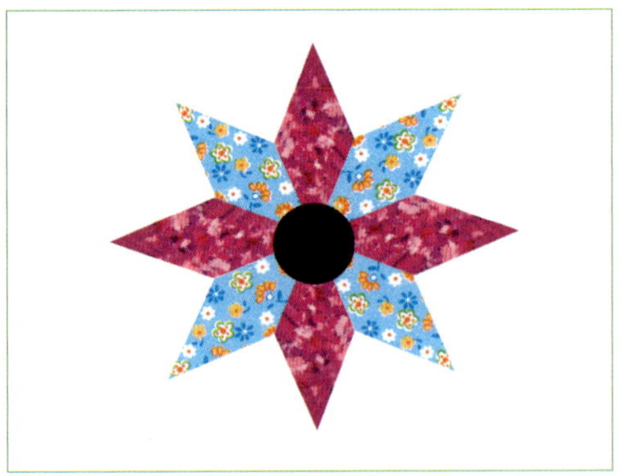

Al motivo anterior se le añade un botón central.

Motivo 3

- 1 cuadrado de 30 x 30 cm (fondo)
- 3 cuadrados de 25 x 25 cm (3 colores para las hojas de la flor)
- 1 círculo de 5 cm (centro)

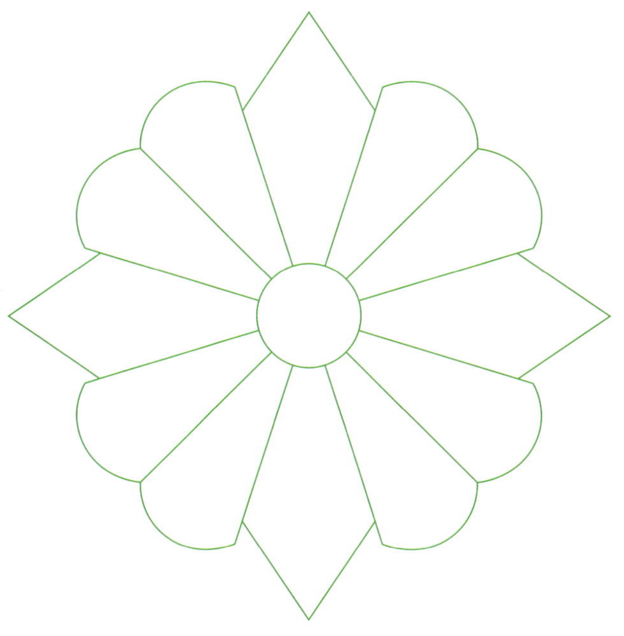

Este es el dibujo base del motivo 3. Sus patrones se encuentran en la hoja 2, cara 2, dibujados en verde claro, acompañados del número 3.

He aquí el conjunto de telas que se van a necesitar para este motivo.

1 Se cortan las piezas de tela requeridas.

La regla será una herramienta especialmente útil, no solo para tomar medidas, sino también para asegurar que las piezas queden bien alineadas.

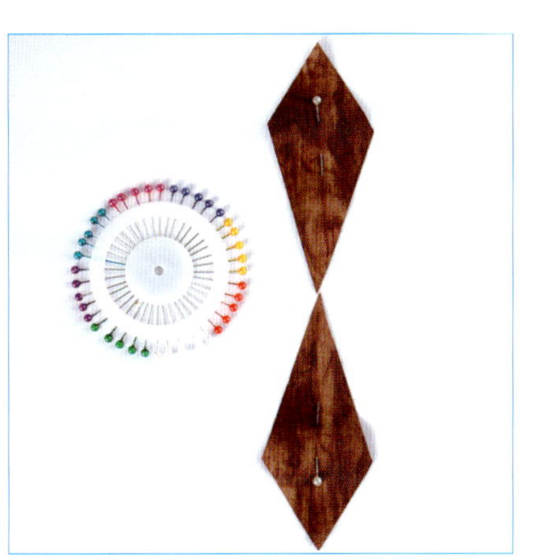

2 Cuando los primeros rombos se encuentren bien alineados, se asegurarán con alfileres.

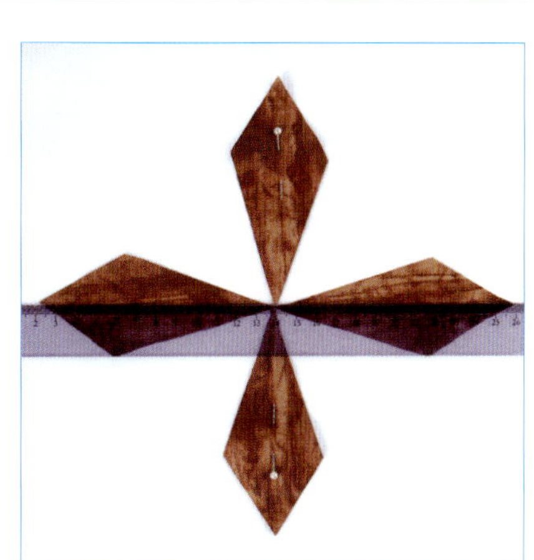

3 Se repite la acción con los otros dos rombos.

Motivos decorativos

4 Se verifica que los cuatro rombos queden perfectamente colocados y formando una cruz, tras lo cual se aseguran con alfileres.

5 Se coloca la primera pieza del segundo grupo (color amarillo), de manera que quede perfectamente alineada con el borde del rombo vecino. Luego se asegura con alfileres.

6 Siguiendo el mismo criterio, se coloca ahora la primera pieza del tercer grupo (color rosa).

7 Con puntada invisible se cosen las piezas amarilla y rosa.

8 Se repite el mismo proceso con el resto de espacios que quedan libres entre rombos, manteniendo el orden de colocación de los colores.

9 A medida que se va completando cada grupo de piezas, se va planchando.

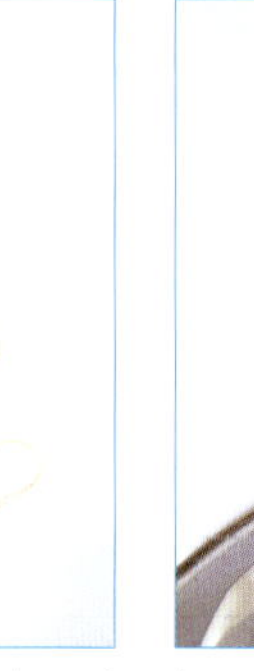

10 Una vez completado el conjunto y verificada su corrección, se cosen y planchan todas las piezas.

No debe dejar de revisarse minuciosamente el trabajo realizado para descubrir imperfecciones o errores. En este tipo de motivos de base geométrica, cualquier error puede echar a perder el resultado final.

11

Se cosen ahora las puntas de los rombos y, a continuación, se retiran los alfileres con que se aseguraban.

En motivos de este tipo, después de haber colocado radialmente todas las piezas, es difícil que el centro resulte perfecto. Ello hace que se deba pensar en un botón para cubrir dicho centro y así, de paso, impedir que queden visibles estas imperfecciones.

12 Una vez terminado todo el diseño, se plancha.

13 He aquí el resultado final.

Cuando se decida a realizar motivos de base geométrica, será mejor que empiece por motivos muy sencillos, tanto en lo que se refiere a sus formas (mejor optar por cuadrados, rectángulos o círculos), como a su estructura y disposición (olvídese al principio de todo aquello que sean entrelazos, serpenteados o combinaciones complejas). No tenga prisa. Con paciencia, constancia y un poco de tiempo, todo llegará.

Motivo 4

• 1 cuadrado
de 30 x 30 cm
(fondo)
• 2 rectángulos
de 10 x 36 cm
(2 colores para
las barras)

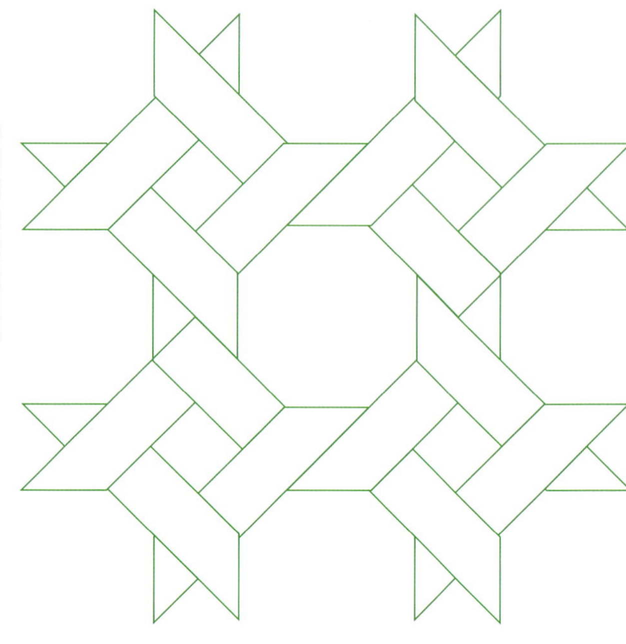

Este es el dibujo base de este motivo. Sus patrones se encuentran en la hoja 2, cara 2, dibujados en verde claro, acompañados del número 4.

He aquí el conjunto de telas que se van a necesitar para este motivo.

1

Se cortan todas las piezas que se van a utilizar en la realización del presente motivo decorativo.

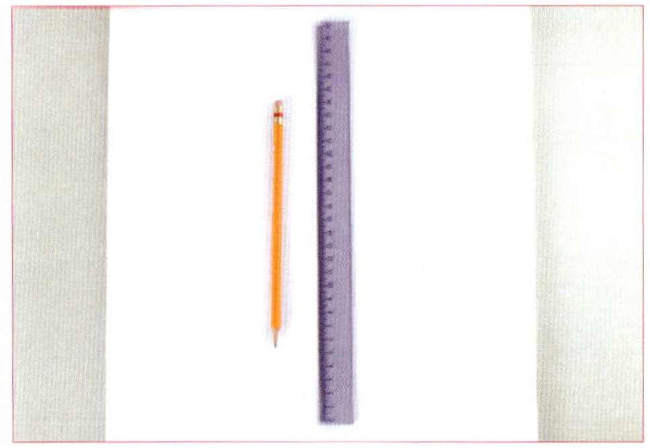

2 Con la regla y un lápiz se busca y marca el punto donde va a comenzar el diseño.

3 Se coloca la primera pieza en diagonal, tal como muestra la imagen.

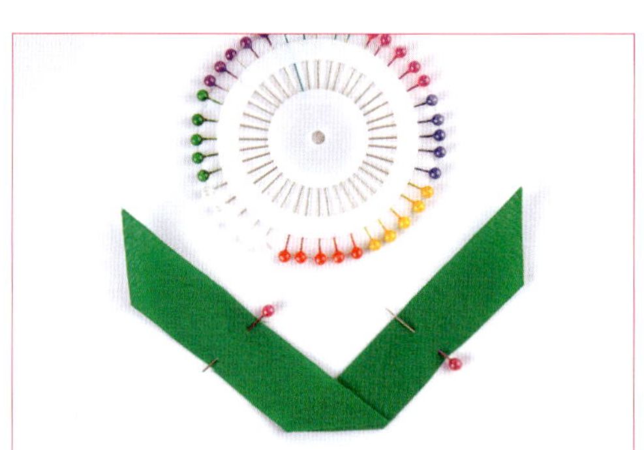

4 Se coloca la segunda pieza, de manera que con la anterior forme una V abierta, formando un ángulo recto perfecto. Una vez verificada la correcta colocación de las dos piezas, se aseguran con alfileres.

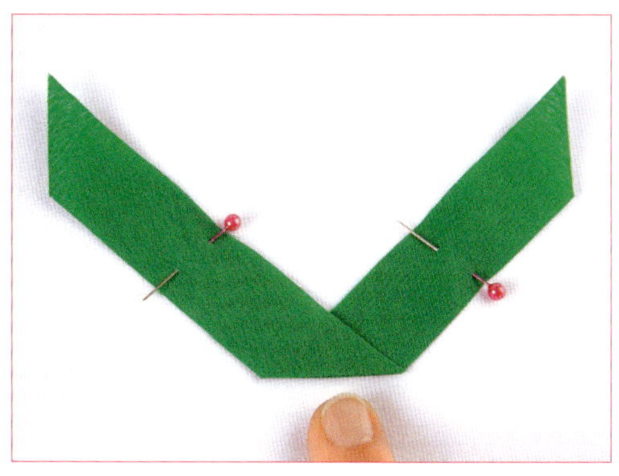

5 Con puntada invisible se cose únicamente en la base de la V, señalada en la imagen.

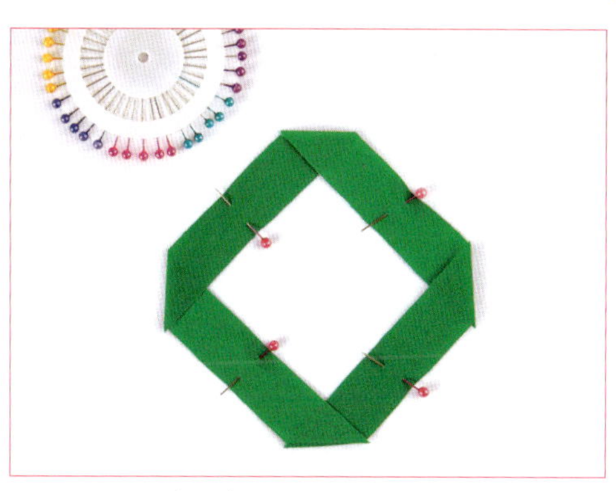

6 Se colocan las demás piezas de este mismo color de manera que se forme una figura perfecta, lo cual se verifica cuidadosamente una vez armado todo el cuadrado. Después, se asegura con alfileres.

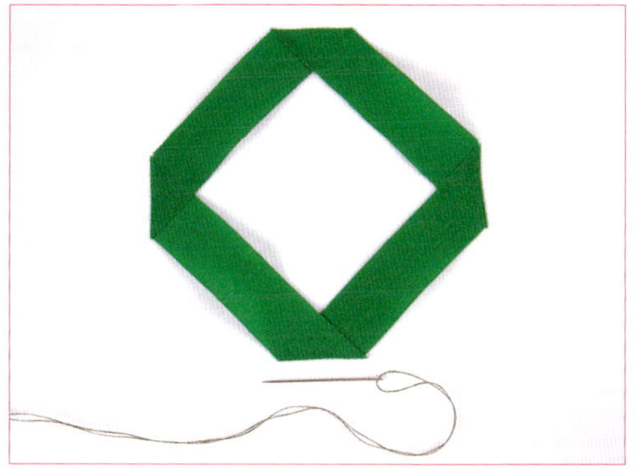

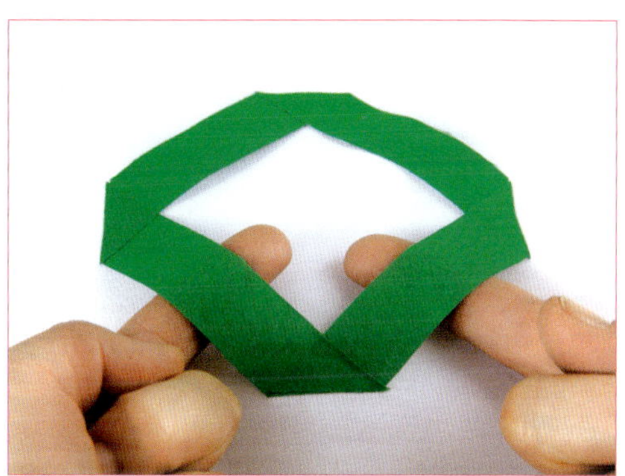

7 Se cosen las piezas únicamente por las esquinas y en la zona por donde se cosió en el paso 5. El resto debe quedar sin coser.

8 Se coloca ahora una pieza de otro color de la manera que se indica en la imagen.

9

Cuando se ha verificado la correcta colocación de la segunda pieza, se asegura con alfileres.

Se debe asegurar que la pieza que se está colocando quede perfectamente situada, tal como se muestra en la imagen. El triángulo que se forma y que viene señalado en la imagen debe quedar exactamente igual en los cuatro puntos donde se repite esta distribución. No debe olvidarse que en este tipo de motivos la precisión es el aspecto indispensable para garantizar el atractivo decorativo del modelo.

10 Se coloca la tercera pieza tal como muestra la imagen, de manera que la punta de su extremo inferior quede enfrentada con la de la pieza vecina.

11

Se van repitiendo los pasos anteriores para la colocación de nuevas piezas, con cuidado de colocar una por debajo de la otra, tal como se muestra en estas imágenes.

12

Una vez colocadas las tirillas, se empieza a coser por la parte interior del rombo. A continuación, se cose la parte de color verde oscuro.

13

Se coloca ahora una pieza de color oscuro en la parte inferior. Esta pieza debe ir alternada como las otras, con una punta por arriba y otra por abajo.

14

Se colocan todas las tirillas y se asegura que sus puntas formen una V, tal como se muestra en la imagen.

15 Con puntada invisible se cose todo el motivo.

16 Se plancha bien el conjunto.

17 Este es el resultado final.

A veces no es tanta la complejidad que presenta un tema en sí mismo como la dificultad de manejar una gran cantidad de elementos. En una composición compleja son varios los factores que es preciso saber conjugar adecuadamente: formas, líneas, colores, distribución, equilibrio, armonía, etc. Este es un buen proyecto para poner a prueba nuestra habilidad.

Cubrecama

Ante trabajos de cierta complejidad como el que se propone en estas páginas, se recomienda elaborar previamente un boceto a tamaño real y sobre él presentar todos los elementos, para poder rectificar, modificar, añadir o eliminar todo aquello que sea necesario.

- 1 cuadrado de 100 x 100 cm (fondo azul)
- 1 rectángulo de 6 x 400 cm (primer marco)
- 5 cuadrados de 30 x 30 cm (5 colores para flores y centros)
- 3 cuadrados de 40 x 40 cm (3 colores para las hojas)
- 1 rectángulo de 20 x 50 cm (troncos)
- 1 cuadrado de 140 x 140 cm (fondo blanco)
- 1 rectángulo de 10 cm x 6 m (marco grande)
- 1 cuadrado de 1,50 x 1.50 m (revés)

Los patrones que pertenecen a este proyecto se encuentran en la hoja 3, cara 1, donde figuran dibujados en color marrón oscuro.

●●● Confección de los tallos y las flores

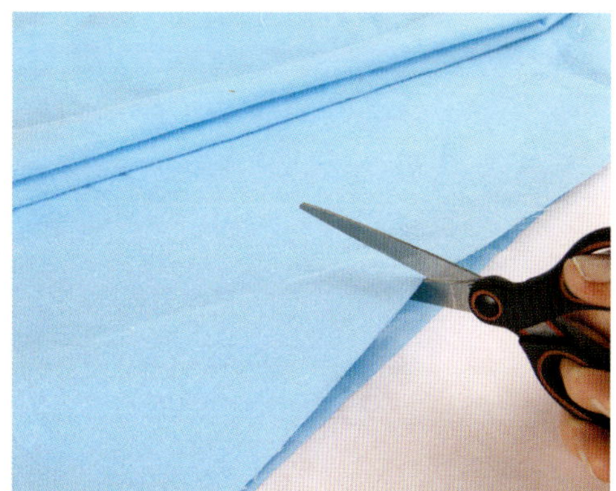

1 Se corta un cuadrado de tela azul de 1 metro de lado para el fondo de la composición. El motivo decorativo ha de quedar bien repartido y respirar por todos los lados.

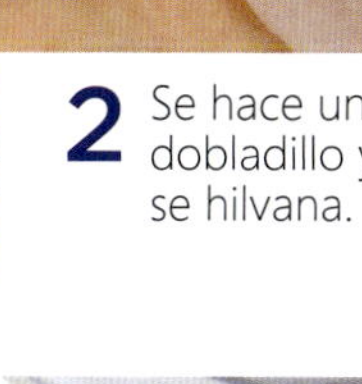

2 Se hace un dobladillo y se hilvana.

3 Se toman las medidas pertinentes y se cortan varios tallos en diferentes largos y grosores.

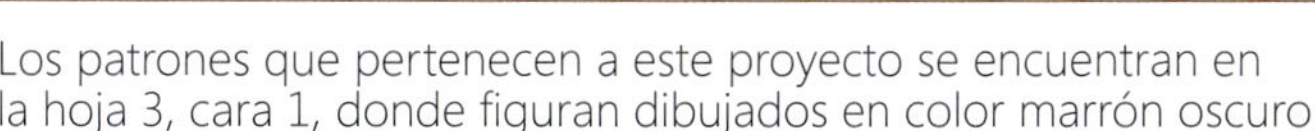

4 Se les realiza un doblez a cada lado y se marca con la plancha.

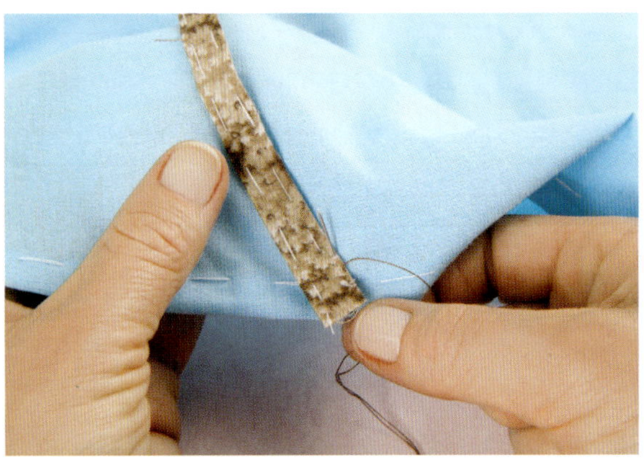

5 Con puntada invisible se fijan los tallos a la tela.

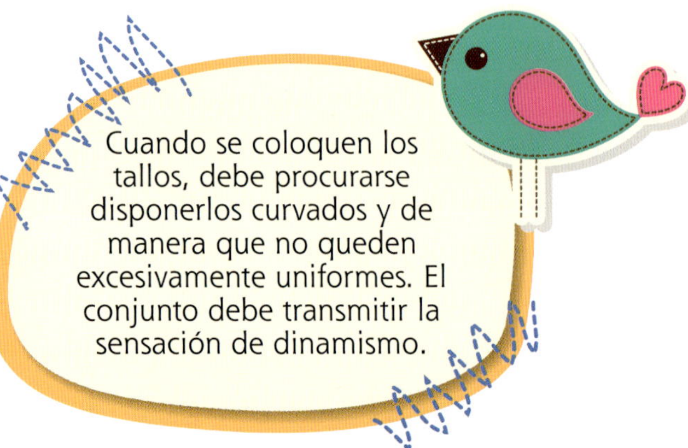

Cuando se coloquen los tallos, debe procurarse disponerlos curvados y de manera que no queden excesivamente uniformes. El conjunto debe transmitir la sensación de dinamismo.

6 Se planchan los tallos por encima.

7 Sobre telas de diferentes tonos y texturas de verde, se cortan varias hojas de distintas formas y tamaños.

8 Se cortan los pétalos y botones de las flores necesarios de acuerdo con las medidas de los patrones, sin olvidar dejar 5 mm de más en todo su perímetro para poder hacer un dobladillo e hilvanarlo.

9 Una vez hilvanados todos los elementos, se cosen en su lugar correspondiente.

10 A medida que se vaya adelantando el trabajo de cada flor, se va planchando por encima.

11 Se empiezan a colocar las flores en su lugar definitivo, teniendo en cuenta que las de mayor tamaño son las que ocuparán la parte superior del diseño.

12 Cuando la flor esté casi terminada y cosida, lo último que se va a añadir es el botón central, que cose y se plancha una vez colocado.

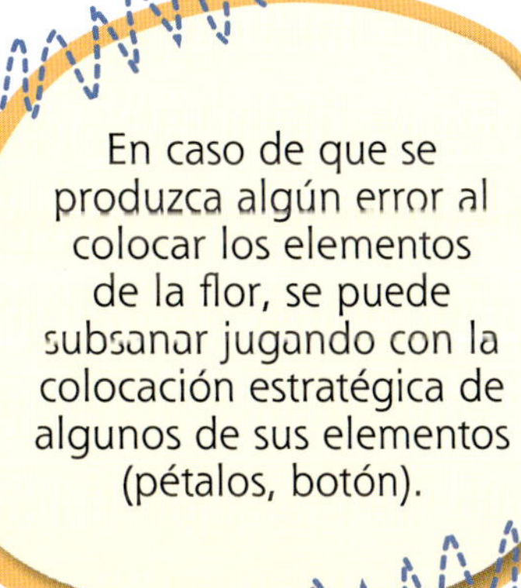

En caso de que se produzca algún error al colocar los elementos de la flor, se puede subsanar jugando con la colocación estratégica de algunos de sus elementos (pétalos, botón).

13 Con las flores de medianas se repite el mismo proceso. Estas se situarán en el centro del motivo floral.

14 La elección de las hojas debe hacerse teniendo en cuenta el tamaño de las flores correspondientes. Una vez situadas correctamente, se cosen y se planchan.

15 Para la margarita, primero se organiza la presentación de los pétalos para que queden correctamente distribuidos.

16 A continuación, se cosen los pétalos al botón correspondiente.

17

Una vez montada, la margarita, se cose en su lugar correspondiente sobre la tela de soporte del motivo.

18

A continuación, se plancha la margarita.

19

Se cortan y se retiran los hilos que han servido para hilvanar el dobladillo de la flor.

20

Se eligen, se colocan y se cosen las hojas del tallo de la margarita, que serán las de mayor tamaño.

21 Para el girasol, se corta tela de color amarillo en dos tonos distintos.

22 Se hilvana un dobladillo en cada uno de los elementos de la flor.

23 Se coloca la tela de color más intenso, que será algo más grande, debajo. Luego se cose y se plancha.

24 A continuación se corta el botón central del girasol.

25

Se cose la parte de la flor más clara sobre la tela más intensa, de manera que los pétalos se dispongan alternativamente (intenso-claro-intenso-claro). Luego se cose el botón central.

26 Una vez cosidos todos los elementos de la flor, se plancha por encima.

27

Para el tallo del girasol se escogen las hojas del tono más realista.

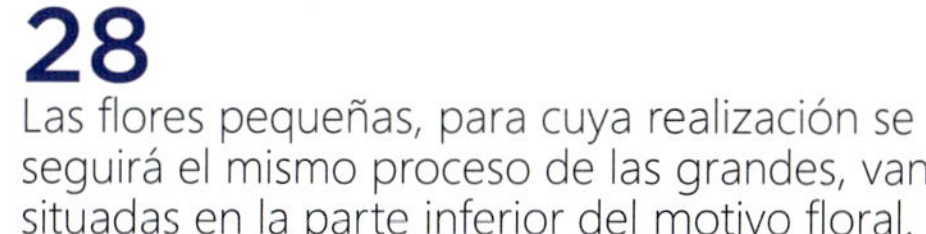

28

Las flores pequeñas, para cuya realización se seguirá el mismo proceso de las grandes, van situadas en la parte inferior del motivo floral.

29

Se plancha todo el conjunto.

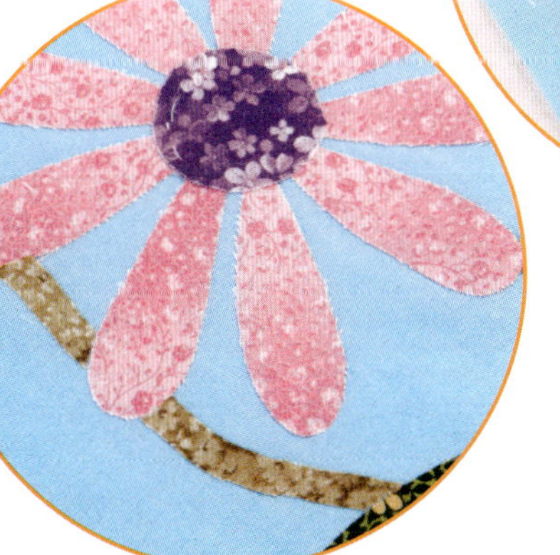

30
Un detalle del aspecto que tiene el trabajo en este momento.

Cuando el diseño de las flores esté terminado, se cose sobre la tela de soporte.

⬤⬤⬤ ⬤⬤ Confección del primer marco

31
Se cortan al bies tiras de tela de un color que contraste con la tela de soporte, que servirán para confeccionar el primer marco del cubrecama.

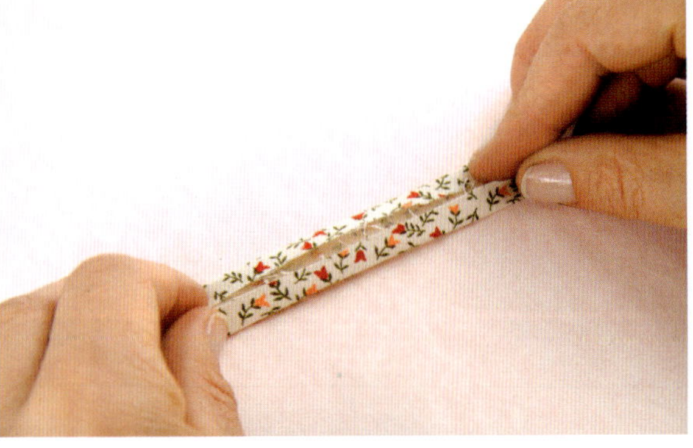

32
Se doblan hacia dentro...

33
... y se planchan para que el doblez quede mejor marcado.

34
Se colocan sobre la tela azul y la tela blanca.

A la hora de elegir los colores, se debe actuar con total libertad, pero teniendo en cuenta que dos telas que se superpongan o se yuxtapongan deben ser de colores que contrasten entre sí.

35 Se cosen por el borde interior.

36 Se asegura bien su colocación, se cose y se plancha.

37 Se cose por todo el perímetro del motivo decorativo.

38 Así es como queda el trabajo en este momento del proceso

●●● Acabado

39

Para el marco de la parte externa del cubrecama, se corta una tira de unos 4 cm, suficientemente larga para cubrir toda la longitud de cada lado.

40

Se cose la banda y luego, se plancha.

41 Se corta el forro del mismo tamaño del diseño.

42 Se cose derecho contra derecho a 5 mm, dejando una parte sin coser para dar la vuelta.

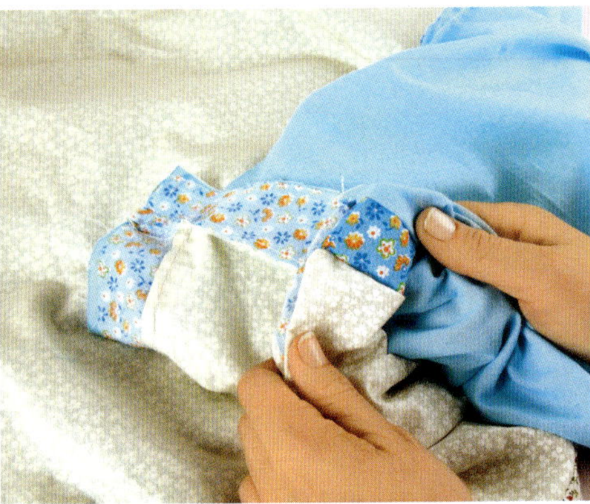

43 Se da la vuelta a las telas, cuidando que las esquinas queden bien rectas y asentadas.

Siempre que se dé la vuelta a las telas, es muy importante que las costuras y las esquinas queden perfectamente dispuestas.

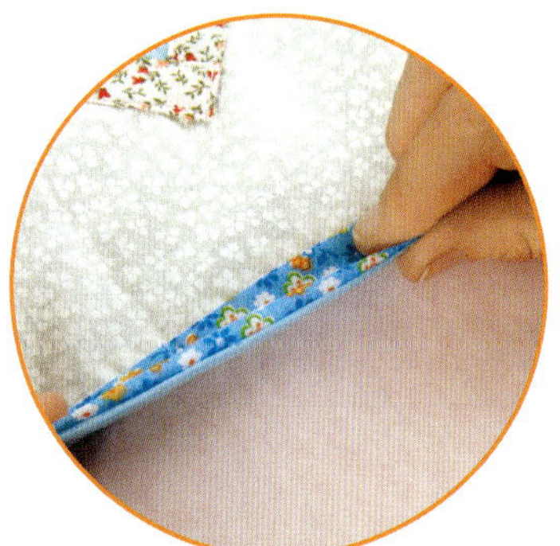

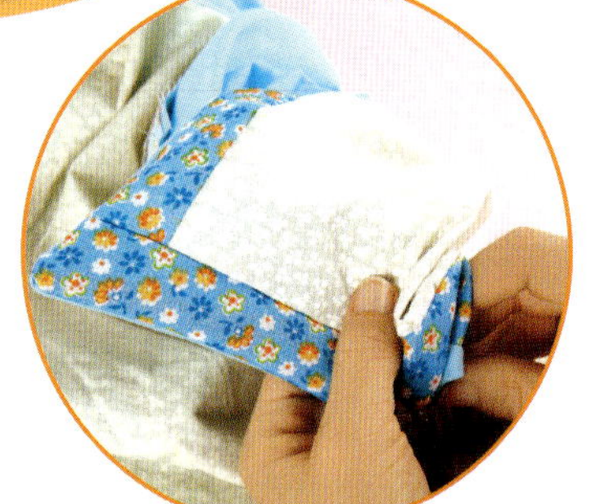

44 Se plancha todo el marco que se ha formado para que quede bien plano y fijado al conjunto del cubrecama.

Para encontrar temas sobre los cuales trabajar muchas veces es suficiente con echar una ojeada a aquello que tenemos más cerca y en la necesidad que nos crea. En casa son varias las cosas que tal vez no tengan un lugar donde guardarse y van deambulando de un lugar a otro. Además de constituir un elemento decorativo, con un organizador se dispondrá en poco espacio de varios bolsillos muy útiles.

Organizador

- 1 rectángulo de 50 x 130 cm (fondo)
- 8 rectángulos de 20 x 30 cm (en 8 colores para los bolsillos)
- 8 rectángulos de 20 x 30 cm (forro de los bolsillos)
- Para cada pollo
  - 1 rectángulo de 10 x 20 cm (cuerpo pollo)
  - 1 rectángulo de 5 x 10 cm (cresta pollo)
  - 1 rectángulo de 5 x 7 cm (pico pollo)
  - 1 rectángulo de 10 x 15 cm (nido grande)
  - 1 rectángulo de 5 x 10 cm (nido pequeño)
  - 2 rectángulos de 5 x 7 cm (huevos)
- 8 pares de bolitas para los ojos

Cuando se trata de combinar colores, formas o elementos, como en este proyecto, debe recordarse lo importante que es acertar en la distribución. Es determinante para evitar que el conjunto distorsione.

⬤⬤⬤ **Preparación de las piezas**

1

Para los bolsillos se cortan varios rectángulos en telas de colores diferentes.

Los patrones que corresponden a este diseño se encontrarán en la hoja 3, cara 1, donde figuran dibujados en color azul intenso.

2

Se cortan 8 veces cada una de las diferentes piezas que componen las gallinas, teniendo en cuenta dejar los 5 mm para el dobladillo. .

●●●● Montaje de las piezas de la gallina

3

Se hilvana un dobladillo en todas las piezas.

4

Una vez hilvanadas, se planchan, primero por el revés y después, por el derecho.

5 Con puntada invisible se cosen las piezas a la tela de soporte escogida...

6

... comenzando primero por aquellas que van debajo del cuerpo de la gallina (nido y cresta).

7 Se planchan las piezas colocadas.

8 Se cose el cuerpo de la gallina sobre el nido y la cresta.

9

Se cose ahora el nido, donde irán los huevos, y después, se plancha.

10

A continuación, se cosen el pico y los huevos.

11

Este es el aspecto que presenta el trabajo realizado hasta este momento.

Cuando se retiren los hilos que han servido para hilvanar, es necesario asegurarse de que no quede ninguno olvidado.

12

Se cortan y se retiran los hilvanes.

13

Se plancha todo el conjunto montado hasta este momento.

A medida que se va armando, se debe ir planchando; esto facilitará mejor el progreso del trabajo y ayudará a que, al final, todo quede mejor acabado.

14

Se elige ahora otro color de tela para confeccionar otra gallina. Se arma repitiendo el mismo proceso seguido en la gallina anterior.

15

Este es el aspecto que presenta nuestra segunda gallina.

16

Con la segunda gallina terminada, se dispone ya de la primera pareja y se pueden comenzar a armar los primeros bolsillos de nuestro organizador.

17

Con la máquina de coser se unen las dos telas sobre las cuales se han montado las gallinas.

18

A temperatura alta se plancha por el revés, acostando las costuras hacia un mismo lado.

19

Se plancha ahora por el derecho para que la costura quede mejor asentada.

20

Para forrar las telas antes unidas, se corta un retal del mismo tamaño de los dos bolsillos que se han armado y se colocan derecho contra derecho.

21

Con la máquina se cosen las dos telas por todo el perímetro, dejando un espacio sin coser, que permitirá darle la vuelta.

22 Con cuidado se da la vuelta a la tela cosida para que las gallinas queden a la vista.

23 Con un lápiz se acaban de sacar las puntas.

24 Se plancha el proyecto por encima, poniendo especial atención a los bordes.

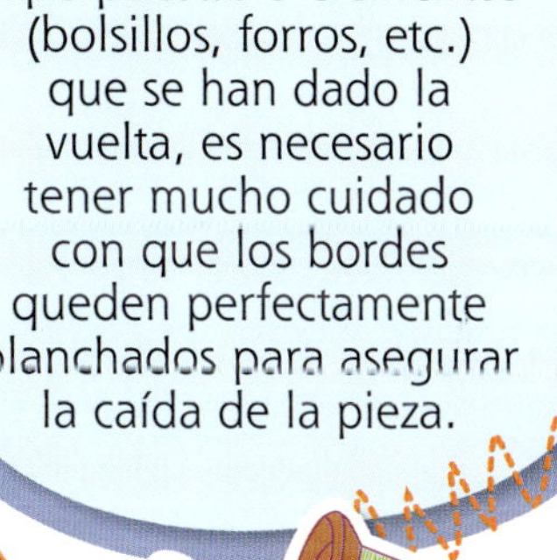

Cuando se deban planchar telas superpuestas o elementos (bolsillos, forros, etc.) que se han dado la vuelta, es necesario tener mucho cuidado con que los bordes queden perfectamente planchados para asegurar la caída de la pieza.

25 Se utilizan bolitas pequeñas para representar los ojos. Es preciso elegir bien los colores de estas bolitas, de manera que contrasten con la tela sobre la que se coloquen. Lo que se busca es conseguir que el conjunto quede llamativo.

26 Se van formando las 4 parejas necesarias para completar el organizador.

Se recomienda confeccionar en primer lugar todas las gallinas y coserlas sobre la tela correspondiente. Esto facilitará acertar en la manera en que se vayan emparejando para la combinación de colores.

Montaje del conjunto

27

Para la parte posterior se necesitará una tela de soporte del conjunto, más rígida y consistente que la que se ha utilizado hasta ahora. Esta tela se dobla por la mitad y se marca bien con la plancha.

28

Se colocan las telas ya trabajadas con las gallinas sobre la tela de soporte, utilizando la línea planchada como referencia.

29

A medida que se van colocando las telas con las parejas de gallinas, se aseguran con alfileres.

Los bolsillos de los niveles inferiores se colocan de manera que su parte superior quede montada 1 cm sobre la base de los bolsillos inmediatamente superiores. Así, todo el conjunto quedará mejor acabado y, de paso, si estos bolsillos del nivel inferior se abren, no se verá la tela de debajo.

30 Con la máquina se cosen las telas por la mitad sobre la marca que se hizo y también por la parte inferior.

31
Así es como quedan distribuidos los bolsillos.

32
La tela trasera de soporte va a servir también de marco, doblándola en los dos laterales largos y en el inferior por encima de la tela de las gallinas.

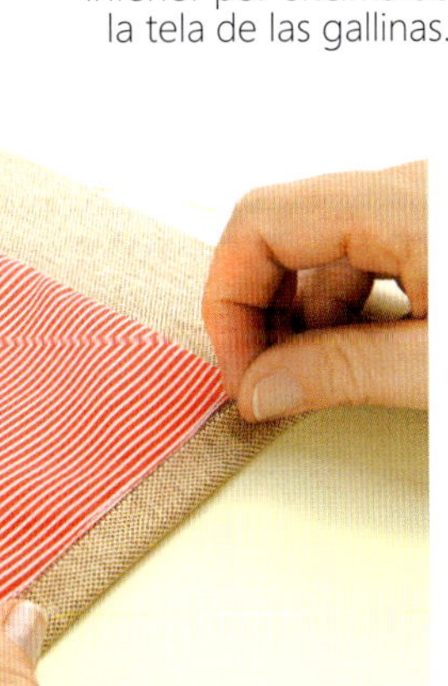

33
En los bordes de la tela de soporte se hace un dobladillo.

34 Se plancha a temperatura alta.

35
Se cose con puntada invisible.

●●●● Confección del marco

36

Para cubrir las costuras que se han formado en la parte central del proyecto, se corta una tira de unos 4 cm de ancho y de una longitud igual a la altura del conjunto.

37

Se dobla la tira 1 cm por cada lado hacia el centro y se plancha para que el doblez quede mejor marcado.

38 Se coloca la tira de manera que cubra las costuras centrales y se cose por ambos bordes.

39

Así es como queda el trabajo con la tira colocada.

40 El trabajo realizado permite dejar los bolsillos mejor acabados y también que queden más fuertes para su uso.

41 En la parte superior se realizará un doblez hacia atrás, que se asegurará con puntada invisible, de modo que quede un conducto por donde se pasará la barra de sostén del organizador.

Individual

La dificultad de este proyecto consiste en conseguir que las piezas encajen perfectamente. Dibujar la forma geométrica del motivo exige varios detalles que es preciso salvar satisfactoriamente: el corte exacto de las piezas, el cuidado al coserlas en diagonal y que formen un ángulo recto... Pero la vistosidad del resultado hará que valga la pena nuestro esfuerzo y atención.

• 1 rectángulo de 40 x 56 cm (fondo)
• 4 rectángulos de 26 x 20 cm
• 1 cuadrado de 19 x 19 cm
• 1 cuadrado de 14 x 14 cm
• 1 cuadrado de 7 x 7 cm

Preparación

1 De acuerdo con los patrones correspondientes se cortan las diferentes tiras que deben componer el motivo principal.

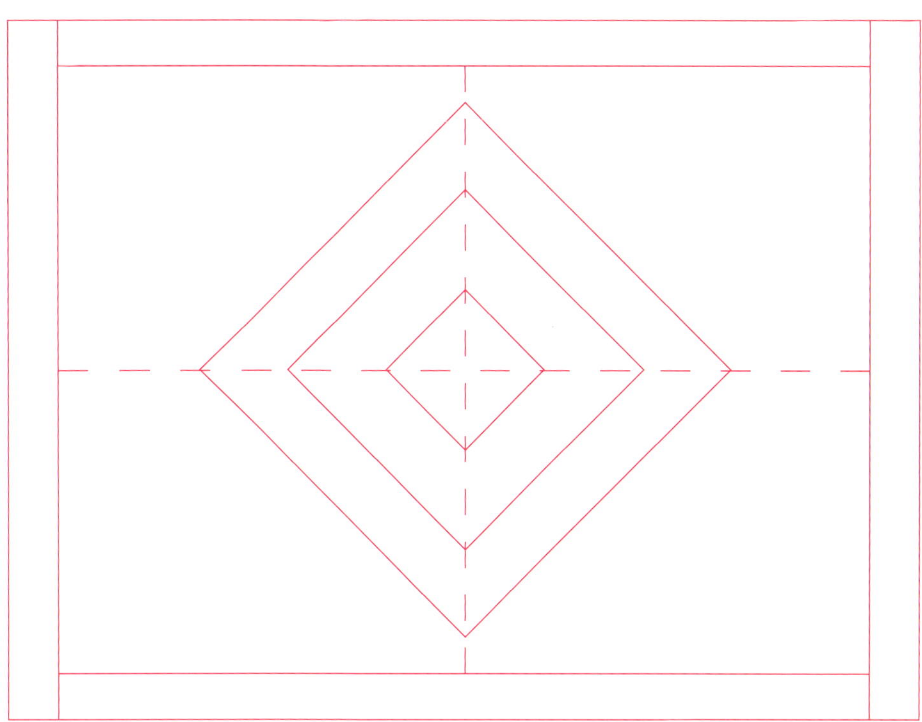

Este es el esquema de conjunto del proyecto. Los patrones se encontrarán en la hoja 3, cara 1, donde figuran dibujados en color rosa intenso.

2 A la hora de cortar las piezas, cada una de ellas deberá tener un margen de costura de 5 mm en todo el perímetro.

3 Se cortan cuatro piezas de la forma triangular sobre una tela del mismo color.

4 También se cortan cuatro piezas de cada una del resto de las formas que formarán el mantel individual.

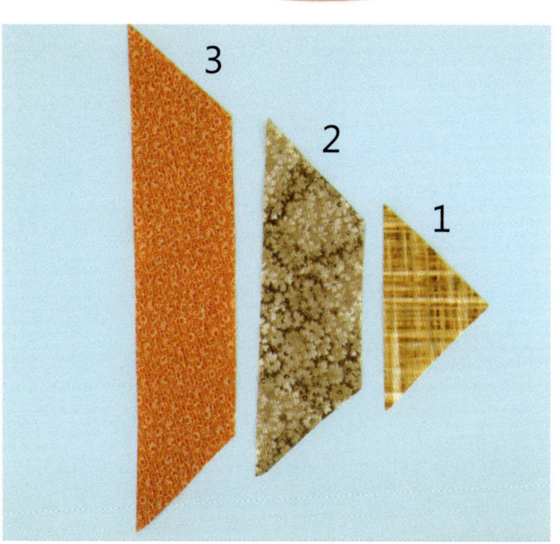

5 Una vez cortadas todas las piezas, se presentan tal como se van a necesitar para la confección del motivo principal.

●●● Formación del motivo decorativo

6 Con la referencia de la numeración del paso anterior, se toman las piezas 1 y 2 y, teniendo en cuenta solo los lados rectos (no los oblicuos), se une el lado más ancho de la pieza 1 con el más estrecho de la pieza 2.

7 Se asegura que estos lados de ambas piezas estén bien acomodados y se cosen.

8 Poniendo mucha atención a la costura, que debe quedar regular, se plancha.

9 Se repite la misma operación, pero ahora uniendo la parte más ancha de la pieza 2 con la más estrecha de la pieza 3.

10 Se cosen a máquina.

11 Se plancha el conjunto de la primera «pirámide» por el revés, cuidando que todas las costuras queden hacia un mismo lado.

12 A continuación, se plancha por encima la «pirámide» que se ha formado.

13 Se repite el mismo proceso para formar las cuatro «pirámides» de que consta el motivo.

●●● Montaje general

14

Se cose cada «pirámide» con la pieza complementaria. Se debe cuidar mucho que todo encaje perfectamente, para evitar que el dibujo geométrico que forma el motivo quede irregular.

15

Se plancha por encima.

16 Se unen los dos primeros grupos («pirámide» más pieza complementaria). Se debe insistir en que las puntas y costuras queden regulares.

17 Se planchan por el revés los dos elementos que se han unido.

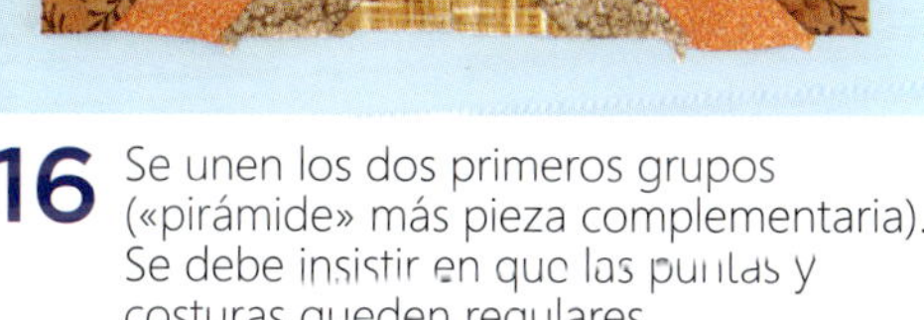

18 A continuación, se planchan por el derecho.

19

Se acaba de unir el resto del individual, desde el centro hacia afuera y se plancha todo el conjunto.

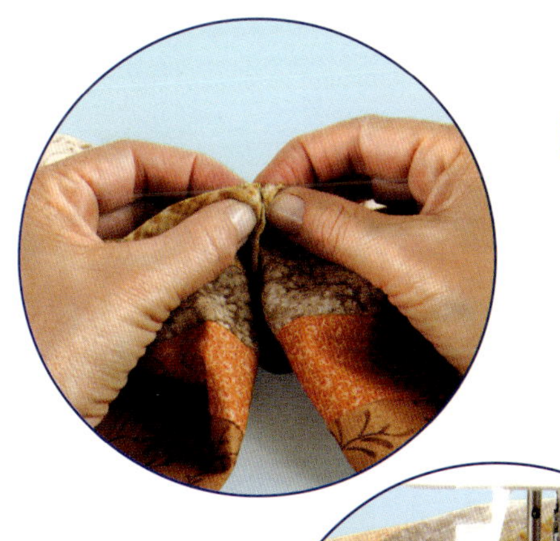

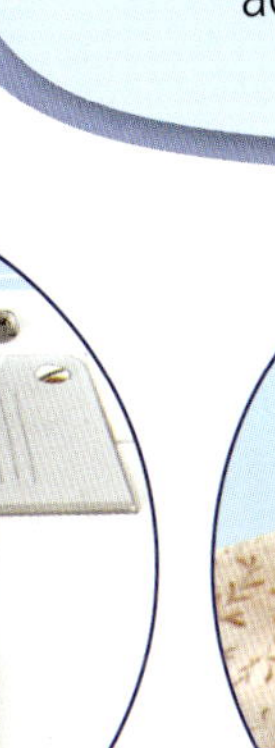

Para unir las dos piezas finales, se cose desde el centro hacia afuera. Con ello se ayudará a que el conjunto quede mejor acabado.

20 Este es el aspecto que ofrece nuestro trabajo en este momento del proceso.

●●●● Acabado

21

Para la base del individual, se toma una tela de las medidas del mantel, dejando un margen de unos 2,5 cm. Se realiza un dobladillo con la máquina, teniendo en cuenta que esta pieza deberá superar en 2 cm todo el perímetro.

22 Se dobla la pieza en cruz y los dobleces se marcan con la plancha.

23 Se coloca el individual sobre la tela de la base.

24

Se procura que las costuras coincidan con los pliegues planchados de la tela.

25

Se dobla la tela hacia afuera, dejando un marco de 2 cm, a modo de paspartú.

26

Se asegura con alfileres.

27

Se realiza el borde, primero en los lados más largos, y se plancha.

28

Para acabar el borde, se doblan las partes más estrechas siguiendo el mismo procedimiento.

29 Como las puntas quedan más gruesas, se plancha a temperatura alta, pero teniendo cuidado de no quemar la tela.

30 Se asegura el borde con alfileres.

31 Con hilo de color contrastante y con puntadas de 1 cm se empieza a coser primero el borde interior.

32

Se cose después
el borde exterior.

33

Se cosen los cuatro lados.

34

Se debe tener especial
cuidado con el acabado
de las puntas, que deben
quedar exactamente
iguales y regulares.

35

Se planchan todos
los bordes, teniendo
especial cuidado de
las puntas.

36

Este es el
resultado final de
nuestro trabajo.

Ya sea obsequiar con un café y unas pastas a unos amigos, ofrecer un aperitivo familiar u organizar una merienda, el cuidado de los detalles es la clave y dicen mucho del gusto y la personalidad del anfitrión. Con esta panera añadiremos un toque especial a cualquier cita y dotaremos a nuestro hogar de un objeto decorativo y útil.

Utilizando las técnicas hasta ahora aprendidas y eligiendo bien los retales se puede obtener un excelente resultado.

Panera

- 10 rectángulos de 9 x 13 cm (en 2 colores)
- 10 rectángulos de 9 x 13 cm (en 1 color para el forro)
- 2 círculos de 30 cm del mismo color
- 4 rectángulos de 8 x 25 cm (en 2 colores para las asas)
- 1 tira de guata de 25 cm

Este proyecto consta de muchos elementos de que consta. Cada uno de ellos debe quedar bien realizado; de lo contrario el aspecto final que se obtenga podrá resultar fallido. Conviene poner la máxima atención en la realización de cada paso.

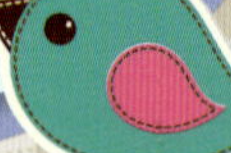

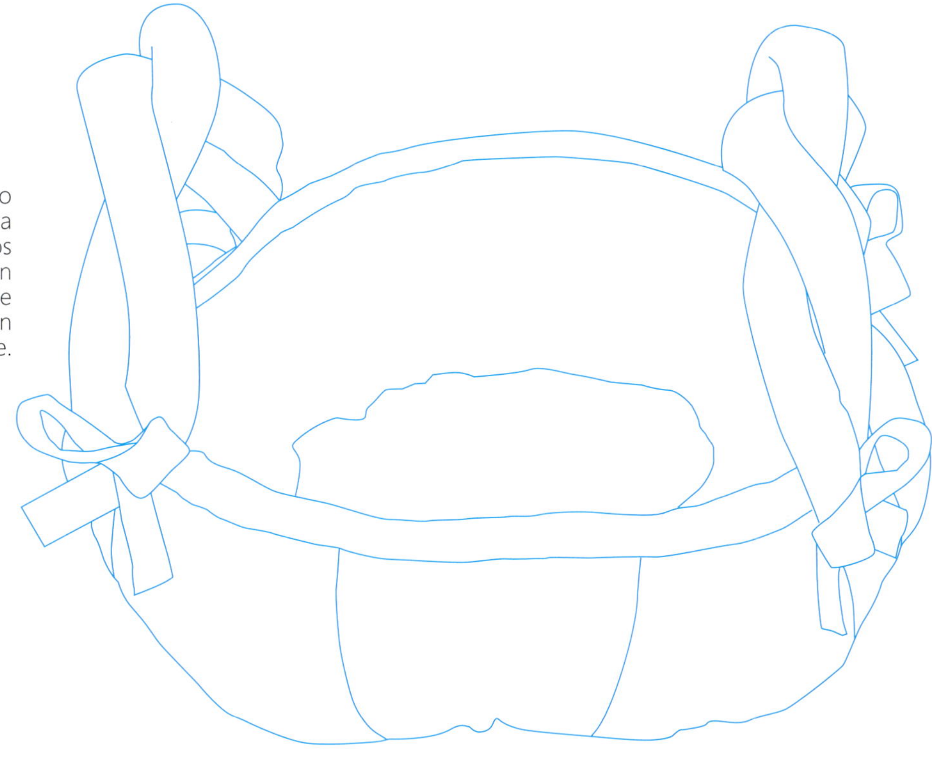

Aquí se presenta el dibujo de conjunto de la panera que se va a realizar. Los patrones se encuentran en la hoja 3, cara 1, donde aparecen dibujados en color azul celeste.

Realización del cuerpo

1

Para la pared exterior de la panera, se cortan diez piezas como las del patrón en forma de trapecio isósceles de 13 cm de alto, con una base de 9 cm y el lado superior de 11 cm, y otras tantas para la pared interior. Las piezas exteriores se eligen de dos colores diferentes que se alternarán, mientras que las interiores serán todas del mismo color, diferente de las exteriores.

2

Con la máquina de coser se unen por el lateral largo las piezas exteriores.

3 También se unen igualmente las piezas de la pared interior.

4 Se planchan por la parte posterior las piezas cosidas.

5 Después, se planchan por la parte delantera, que quedará a la vista.

6
Se procede igualmente con las piezas cosidas de la pared interior.

7
Al unir las piezas, la parte más estrecha debe quedar hacia abajo y la más ancha hacia arriba.

8
Se unen los dos extremos de las telas de cada parte de manera que se cierre el perímetro de lo que será la panera.

9 Se coloca la pared interior por dentro de la exterior, de manera que las costuras de ambas paredes queden encaradas, es decir, escondidas, y coincidentes.

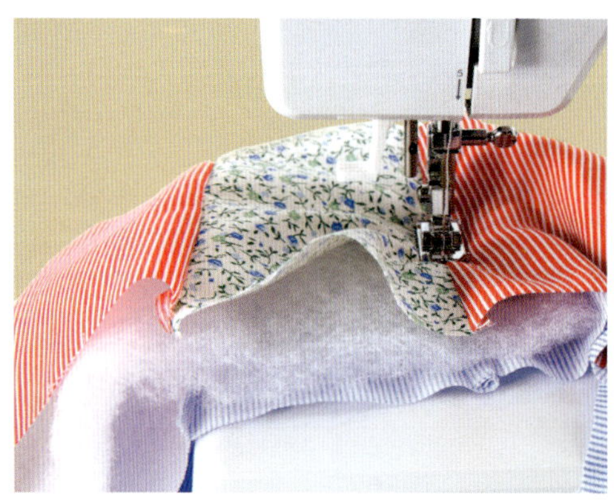

10 Entre las dos paredes se coloca la guata y, a continuación, se cose por las costuras, de manera que queden cosidas al mismo tiempo las dos paredes y la guata.

11 Una vez cosidas las paredes y la guata, se cortan los sobrantes que se hayan formado.

12
Este es el aspecto que tiene este momento nuestra panera.

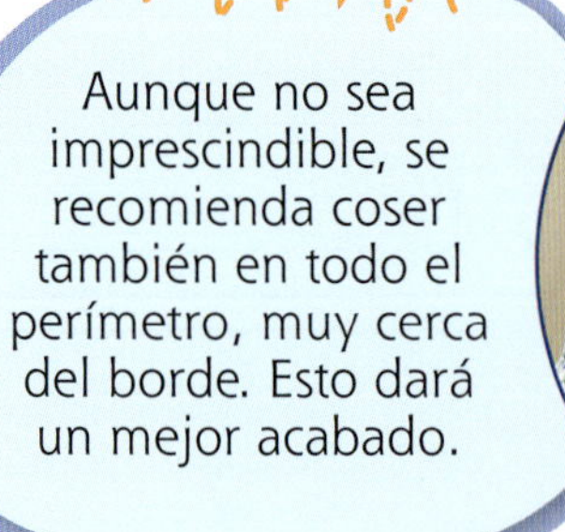

Aunque no sea imprescindible, se recomienda coser también en todo el perímetro, muy cerca del borde. Esto dará un mejor acabado.

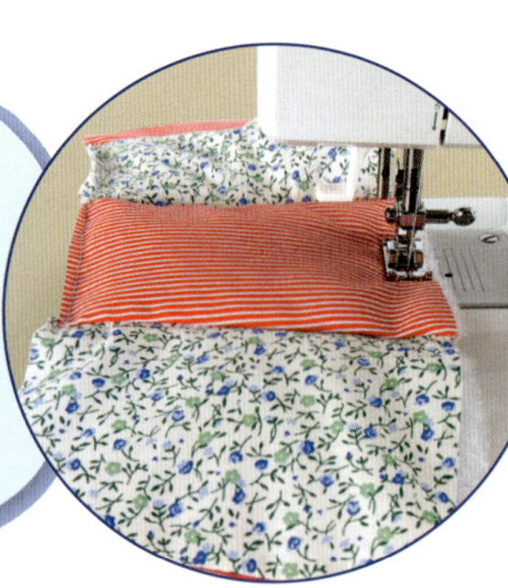

13 Se hilvana la parte inferior del cuerpo de la panera.

14 En todo el perímetro se va formando un fruncido para dar la forma cóncava a la base.

● ● ● Realización de la base

15 Para la base se cortan dos círculos que cubran bien la parte inferior el hueco de la base. Se hilvana un dobladillo.

16 Se sobrepone el borde del círculo de la base con el límite inferior de la pared y se cose.

17 Así es cómo debe quedar exteriormente la base de la panera.

18 La parte interior debe presentar ahora este aspecto.

19 Se coloca la pared interior por dentro de la exterior, de manera que las costuras de ambas paredes queden encaradas, es decir, escondidas, y coincidentes.

20 Sobre la guata se coloca el otro círculo de tela cortado en el paso 15, de manera que se tapen todas las costuras de la guata con la parte inferior de la pared interior.

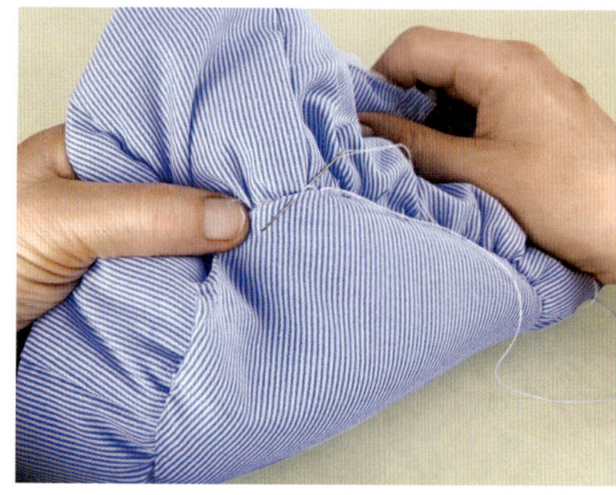

21 Con puntada invisible se cose a mano dicho círculo, siguiendo todo el perímetro inferior de la base.

Aunque quede algo escondida esta zona, se recomienda, antes de continuar, asegurar un cosido y encaje perfectos entre la base y la parte inferior de la pared. Este paso mejorará el acabado.

22 Con un hilván, se recoge ligeramente la parte superior de la pared de la panera.

Para el ribete es muy importante que su anchura sea regular en todo su recorrido. Por ello, de los 4 cm en que se ha cortado, se dobla hacia dentro 1 cm por cada lado. Para garantizar que dicha anchura se mantenga, puede asegurarse con un hilván. Cuando ya se disponga de toda la tira doblada y asegurada la regularidad de su anchura, se planchará para que quede mejor marcada. Con ello estará preparada para poderla coser en su lugar correspondiente.

23 Para el remate de la pared se corta una tira de tela de unos 4 cm de ancho. Se dobla por uno y otro lado 1 cm hacia dentro y se acentúa el doblez con la plancha.

24 Con la máquina de coser se une el ribete con el borde superior de la pared.

25 Una vez cosida la parte exterior, con puntada invisible se cose por todo el perímetro interior de la pared.

26 Este es el aspecto de nuestra panera en este punto del proceso.

⬤⬤⬤⬤ Confección de las asas

27 En dos telas de color diferente (forro y parte exterior) se cortan cuatro tiras de 4 cm de ancho por 20 cm de largo.

28 Se doblan derecho contra derecho y se cosen a máquina a todo lo largo y cerca del borde.

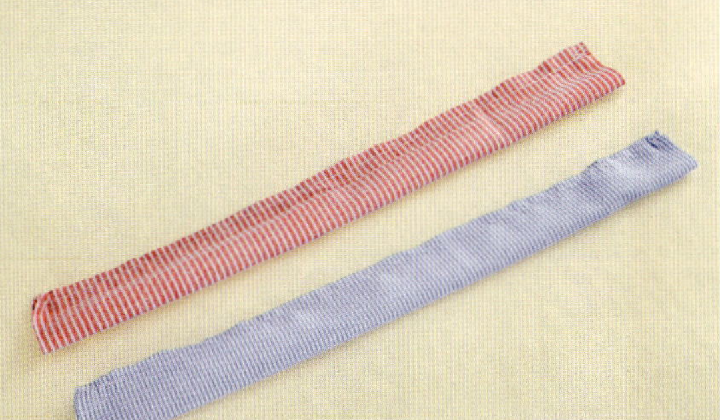

29 Este es el aspecto que ofrecen las tiras en este momento.

30 Se les da la vuelta para que queden del derecho.

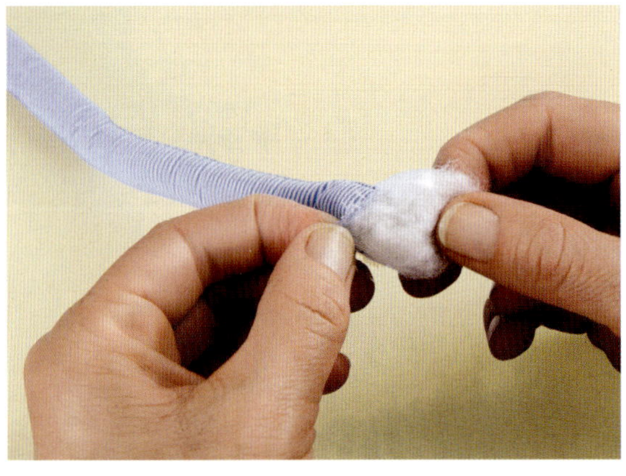

31

Una vez volteadas, se rellenan con guata, evitando un llenado excesivo y, con ello, que queden muy rígidas (deben ser fáciles y cómodas de manipular).

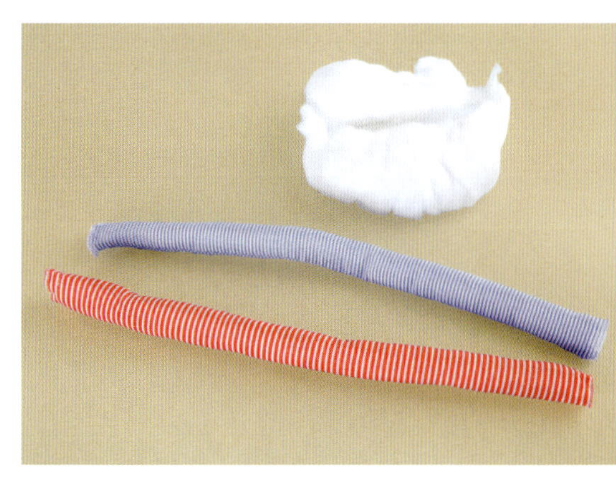

32

Se coloca una tira sobre la otra...

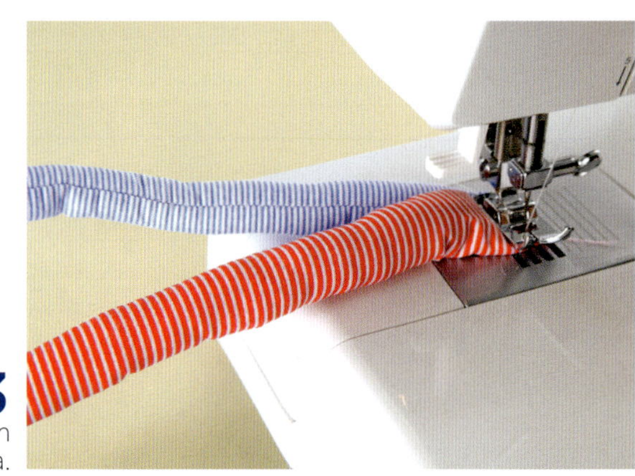

33

... y se cosen con la máquina.

34

Se trenzan la una con la otra.

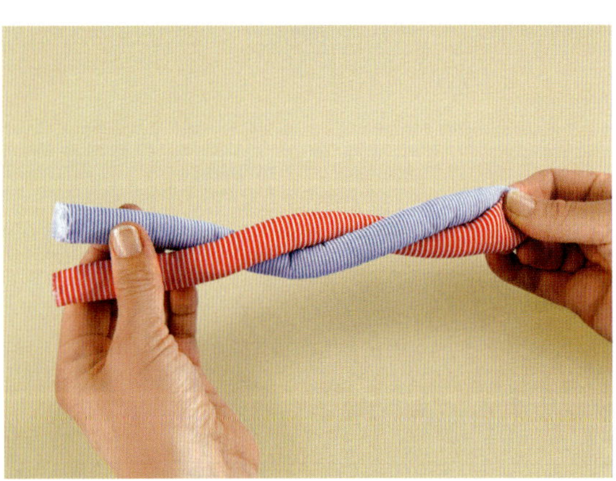

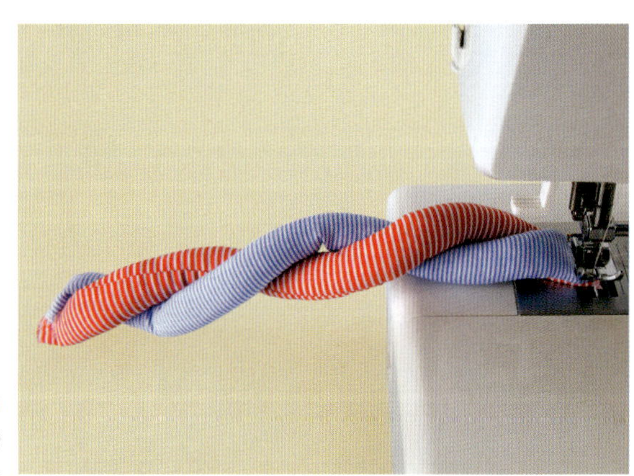

35

Terminada la trenza, se cosen por el otro extremo.

36

Ya tenemos las asas.

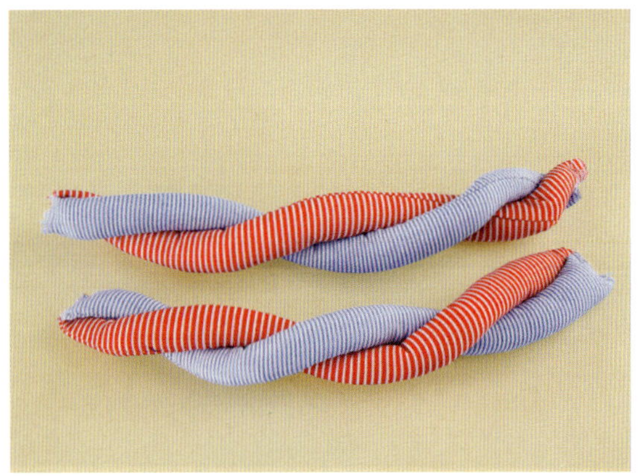

37

Se colocan las asas en su lugar...

38 ... y se aseguran con alfileres.

39 Se cosen con aguja e hilo y se cortan las hebras sobrantes.

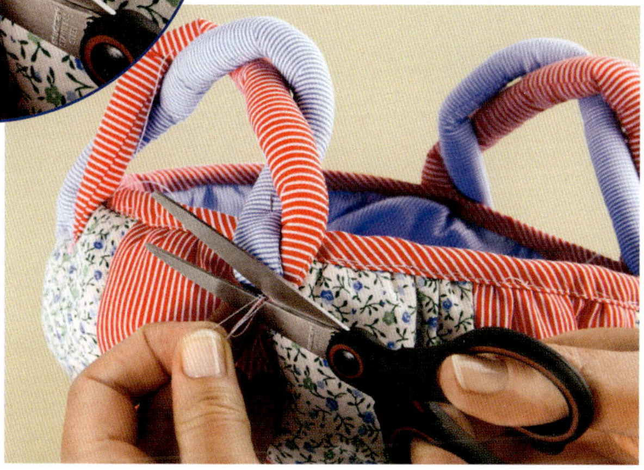

●●● Remate final

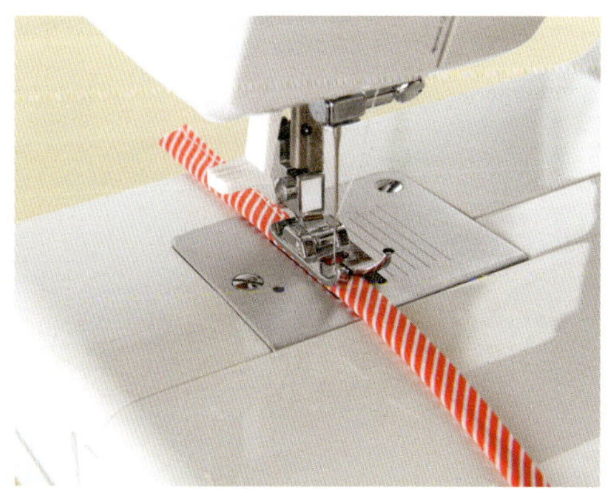

40 Se dobla por la mitad la tira que ha sobrado y se cose muy cerca del borde.

41 Se plancha.

42 Se cortan las puntas para que la tira quede mejor acabada.

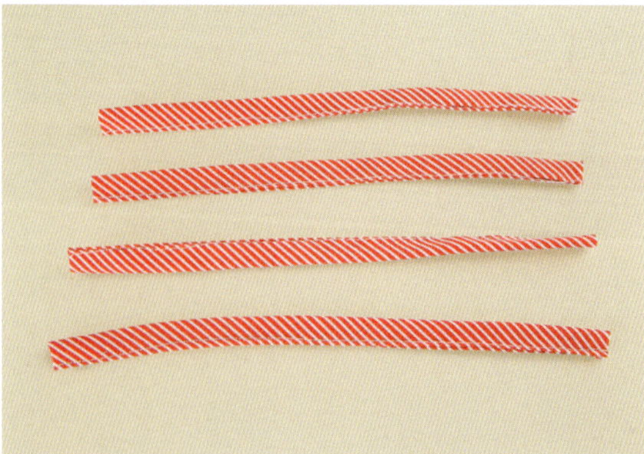

43

Se cortan tres tiras más, todas ellas del mismo tamaño.

44

Se doblan para formar un lazo.

45

Con aguja e hilo se asegura con unas pocas puntadas.

46

Se cose cada lazo en un extremo de las asas para cubrir el añadido y servir de adorno.

Medidor de altura

Un proyecto divertido, que además introducirá una nota simpática a la habitación infantil y proporcionará a nuestro pequeño una simpática compañera, una jirafa, que lo acompañará según vaya creciendo, señalándole la altura. Es un proyecto algo complejo por la cantidad de elementos que se necesitan, pero el resultado final vale la pena.

- 2 rectángulos de 50 x 120 cm (fondo)
- 1 rectángulo de 49 x 119 cm (guata)
- 1 rectángulo de 30 x 100 cm (cuerpo de la jirafa)
- 1 cuadrado de 20 x 20 cm (manchas)
- 1 rectángulo de 10 x 100 cm (metro)
- 1 cuadrado de 20 x 20 cm (copa árbol)
- 1 rectángulo de 20 x 10 cm (cuerno)
- 1 cuadrado de 30 x 30 cm (números)
- tela color piel
- Ojos para coser
- Rotulador para tela

Preparación de las piezas de la cabeza

1

Con el patrón de las orejas se cortan cuatro piezas.

2

Se cortan dos piezas para la cara de la jirafa.

3

Para el hocico se cortan también dos piezas.

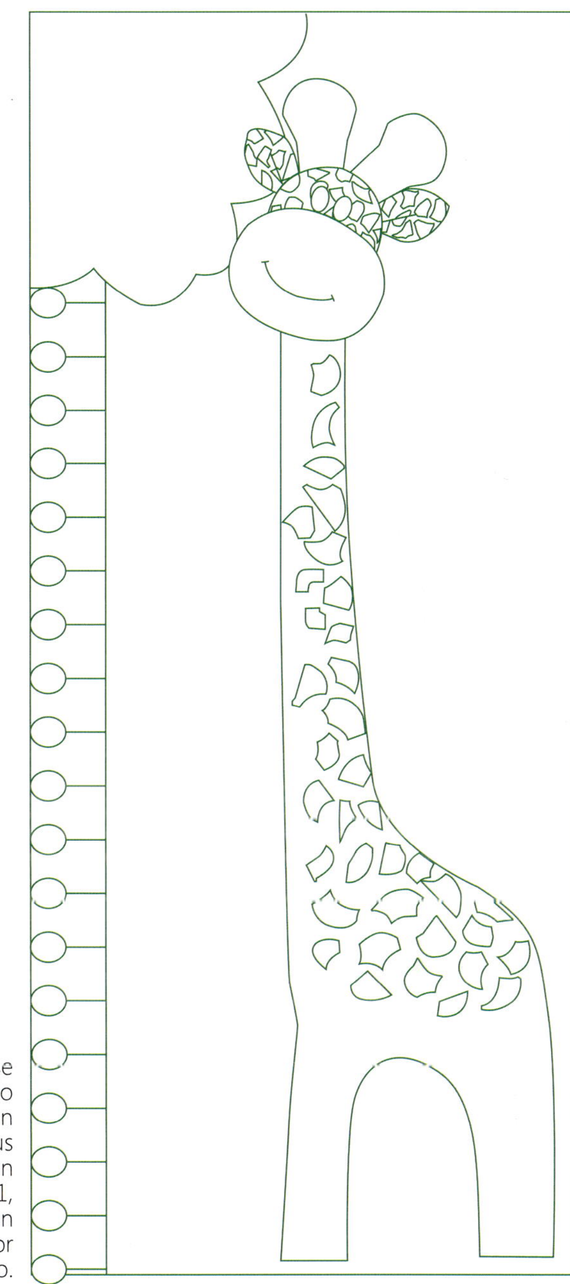

Este es el dibujo base que hemos utilizado para la realización de nuestra jirafa. Sus patrones se encuentran en la hoja 3, cara 1, donde aparecen dibujados en color verde oscuro.

4

Se cortan cuatro piezas para los cuernos.

5

Se unen dos cuernos y se cosen uno con otro muy cerca del borde.

6 Una vez cosidos, se les da la vuelta y se planchan.

7 Se cortan ahora las manchas de la piel de la jirafa.

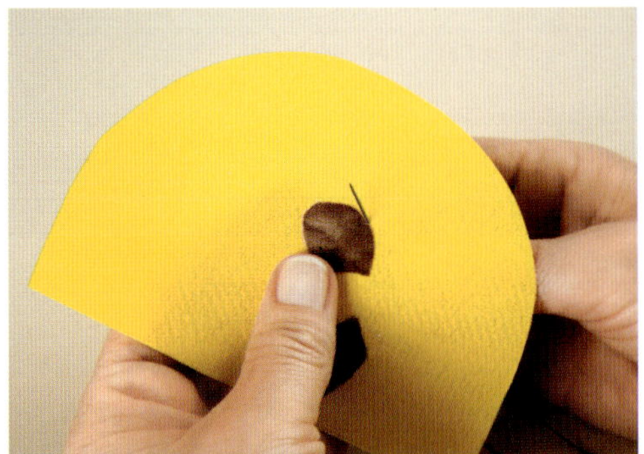

8 Con puntadas invisibles se cosen las manchas a la pieza que corresponde a la cara de la jirafa.

9 Una vez estén todas las manchas cosidas, se plancha.

10 Se repite la misma operación con las dos orejas.

11 Se cosen, revés contra revés. dos lados de las dos piezas de cada oreja.

El planchado que se realiza una vez se ha dado la vuelta a las distintas piezas montadas (cuernos, orejas, etc.), con cuidado de que queden totalmente planan, porque facilitará mucho más el trabajo posterior y hará que todo el conjunto quede mejor acabado.

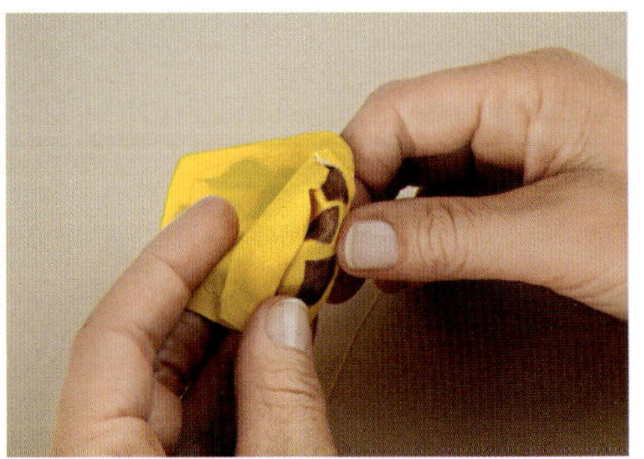

12 Una vez cosidas, se da la vuelta a las orejas.

13 Con la ayuda de un lápiz se acaba de voltear todo el perímetro y se saca la punta.

14 Se planchan las orejas para que queden bien planas.

15 En el centro de cada oreja se realiza un pequeño pliegue y se asegura con la máquina de coser.

Montaje de la cabeza

16 Se presenta la cara de la jirafa, situando los elementos que la componen: la cara en el centro, una oreja a cada lado, dejando espacio suficiente para los cuernos. Con una puntada se aseguran.

17 Se colocan los cuernos en el centro a 1 cm de distancia uno del otro. Se hilvanan para que no se muevan.

18 Sobre la cara se colocan las orejas y los cuernos, así como la pieza posterior de la cabeza. Derecho contra derecho. Se hilvanan para que no se mueva.

19 Con la máquina de coser se pasa por todo el contorno curvo.

20 Se da la vuelta a la cabeza.

21 Se sacan las orejas y los cuernos.

22 Se plancha la cara con atención a las costuras para que todo quede plano.

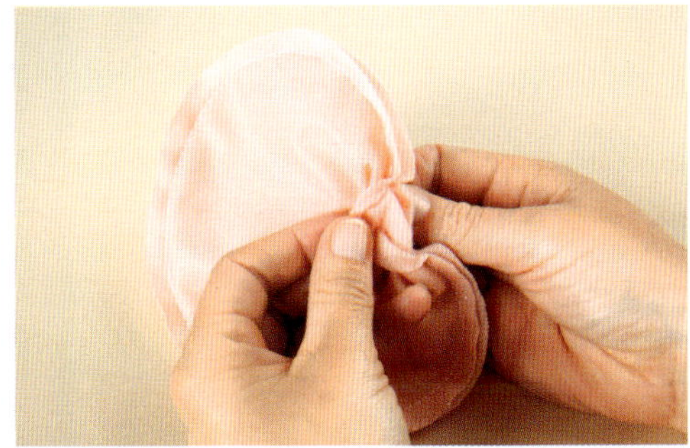

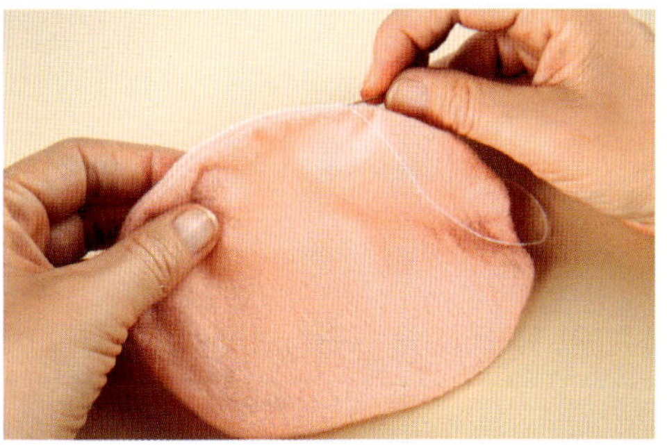

23 Se cose el hocico.

24 Se le da la vuelta.

25 Con puntada invisible se cose el espacio libre que ha servido para darle la vuelta.

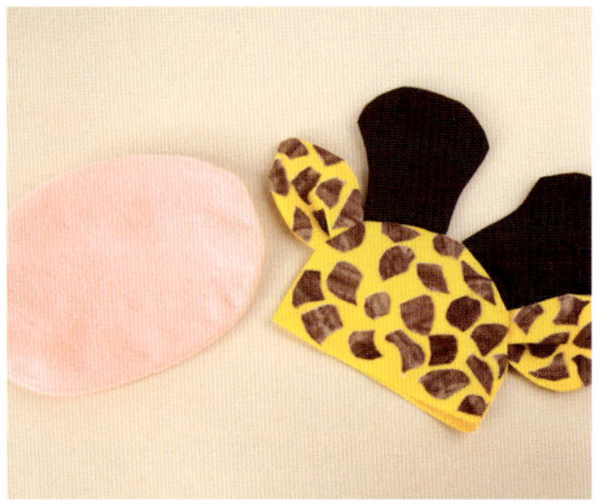

26 Las dos partes terminadas, cabeza y hocico, se presentan para establecer cómo van a quedar dispuestas.

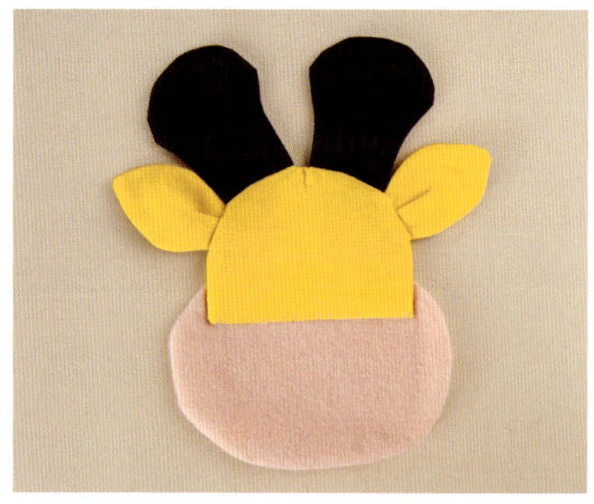

27 Una vez decidida la disposición, se cosen las dos partes (cabeza y hocico) por la parte posterior.

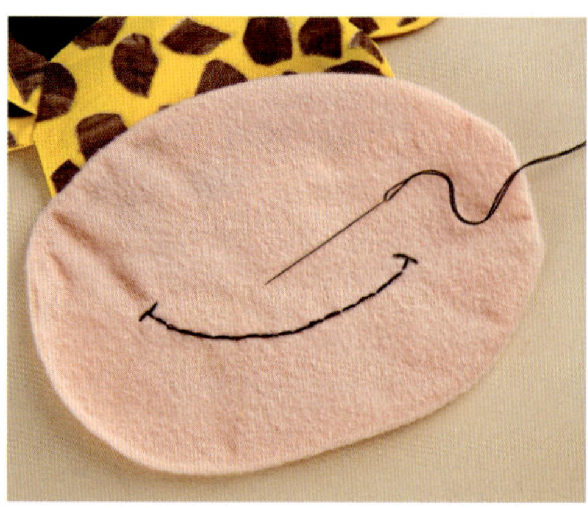

28 Con hilo negro se dibuja la boca, de manera que describa una amplia sonrisa.

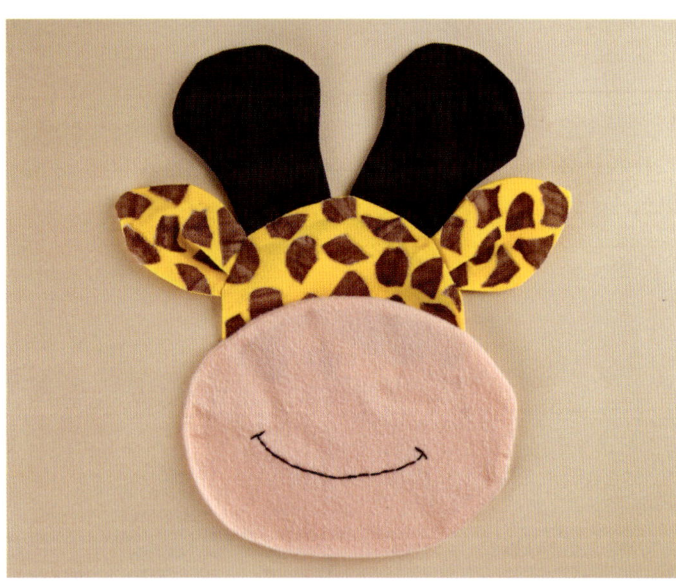

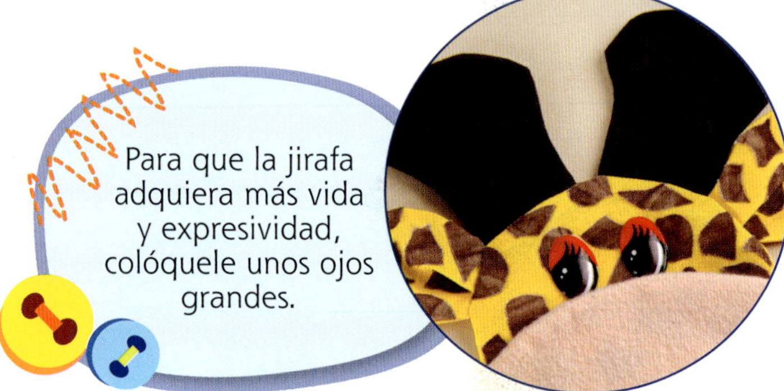

29 Este es el aspecto que ofrece la cabeza en este momento.

Para que la jirafa adquiera más vida y expresividad, colóquele unos ojos grandes.

Trabajo del cuerpo

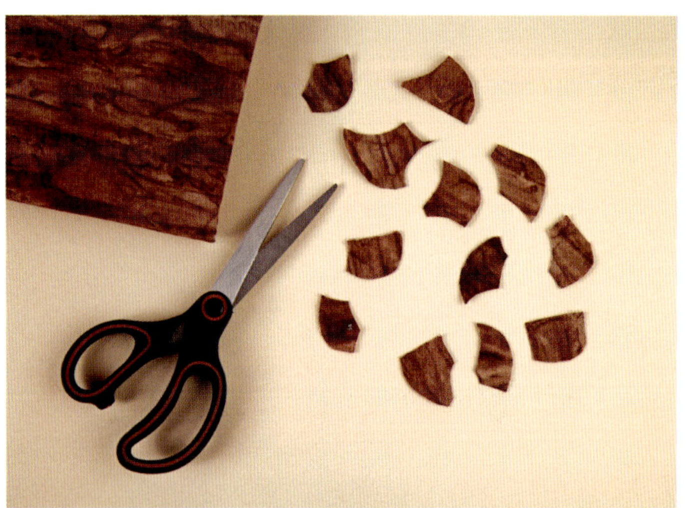

30 Se cortan varias manchas. Deben ser de formas y medidas diferentes.

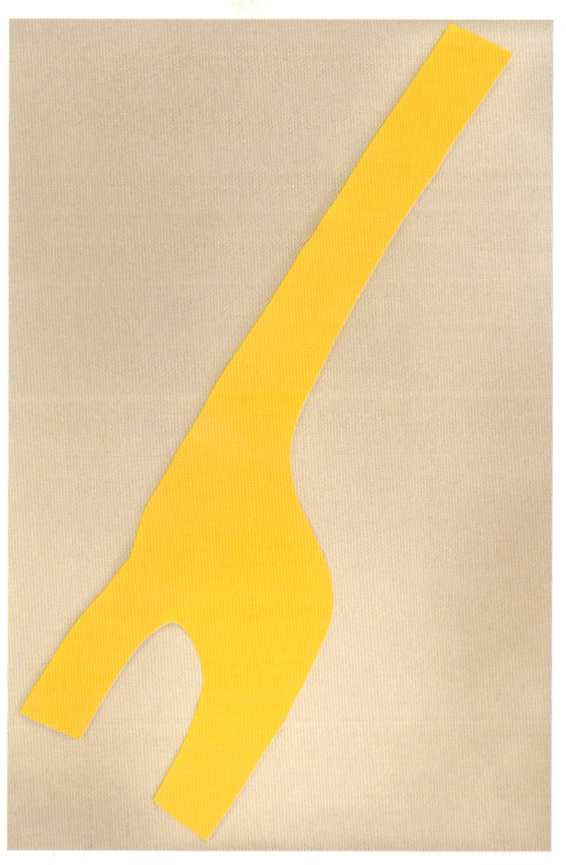

31 Se cortan dos piezas correspondientes al cuerpo de la jirafa.

32

Con puntada invisible se cosen las manchas al cuerpo del animal.

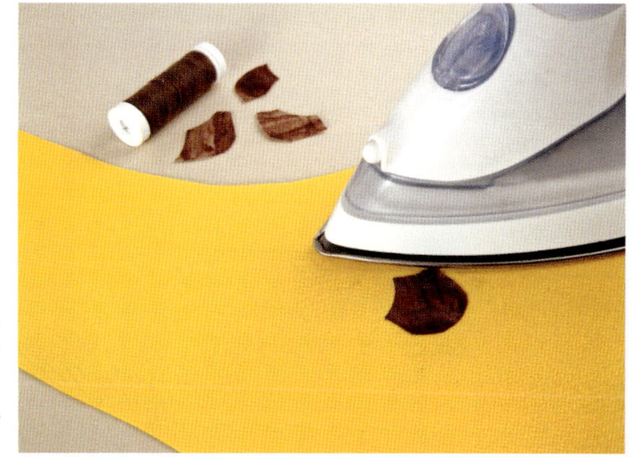

33

A medida que se vayan añadiendo manchas, se van planchando.

34

Se van añadiendo manchas de manera que queden adecuadamente distribuidas y se van planchando.

35

Una vez colocadas las manchas, el aspecto que presenta nuestra jirafa es el que se aprecia en esta imagen.

36

Se coloca la trasera de la jirafa sobre sobre la delantera, derecho contra derecho Se unen y se cosen con la máquina por todo su perímetro, dejando un hueco para darle la vuelta.

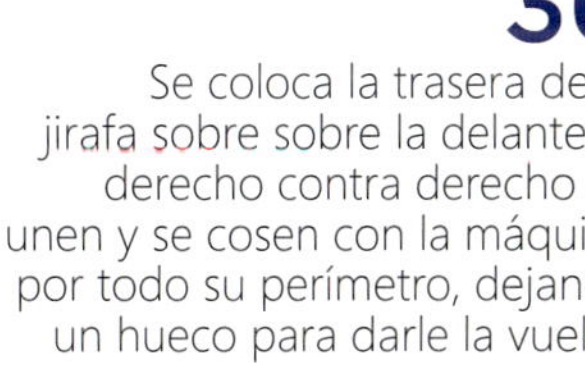

37

Se da la vuelta a las dos piezas para que queden del derecho.

38

Se plancha el cuerpo, teniendo cuidado en las costuras para que queden nítidas y planas.

39

Se cose a mano la cabeza al cuerpo de la jirafa.

●●● Medidor

40

Se corta una tira del ancho deseado (unos 10 cm) y de 95 cm de largo.

41

Con el metro se mide cada 5 cm y se señala con alfileres.

42

Los 5 cm señalados se doblan y se planchan para que queden bien marcados.

43

Con hilo de color que contraste con el tono de la tela del medidor, se bordan los pliegues que se han formado con la plancha.

44 De esta manera nos han quedado bien marcadas las líneas del medidor, una cada 5 cm.

45 Una vez terminado el bordado, se plancha para eliminar los pliegues que se habían marcado antes.

32

Con puntada invisible se cosen las manchas al cuerpo del animal.

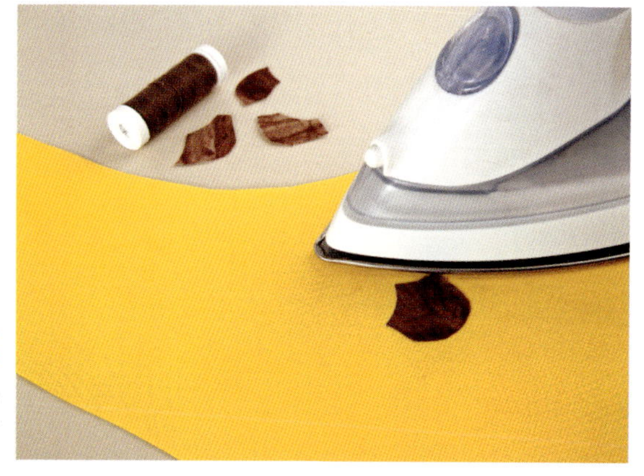

33

A medida que se vayan añadiendo manchas, se van planchando.

34

Se van añadiendo manchas de manera que queden adecuadamente distribuidas y se van planchando.

35

Una vez colocadas las manchas, el aspecto que presenta nuestra jirafa es el que se aprecia en esta imagen.

36

Se coloca la trasera de la jirafa sobre sobre la delantera, derecho contra derecho Se unen y se cosen con la máquina por todo su perímetro, dejando un hueco para darle la vuelta.

37

Se da la vuelta a las dos piezas para que queden del derecho.

38

Se plancha el cuerpo, teniendo cuidado en las costuras para que queden nítidas y planas.

39

Se cose a mano la cabeza al cuerpo de la jirafa.

●●● Medidor

40

Se corta una tira del ancho deseado (unos 10 cm) y de 95 cm de largo.

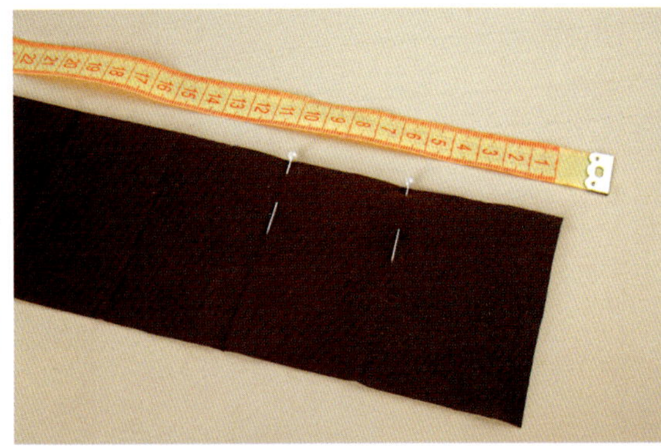

41

Con el metro se mide cada 5 cm y se señala con alfileres.

42

Los 5 cm señalados se doblan y se planchan para que queden bien marcados.

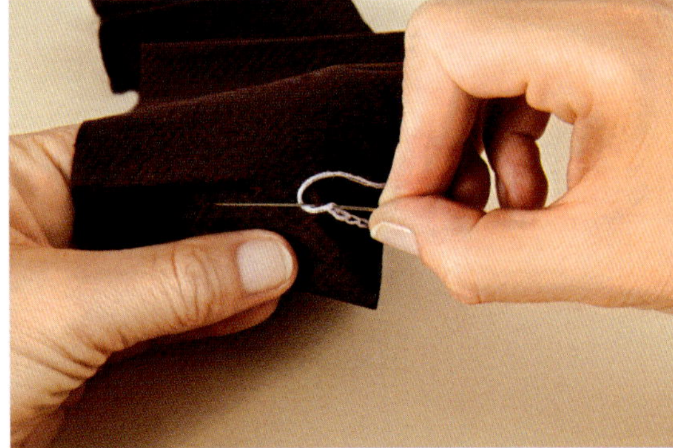

43

Con hilo de color que contraste con el tono de la tela del medidor, se bordan los pliegues que se han formado con la plancha.

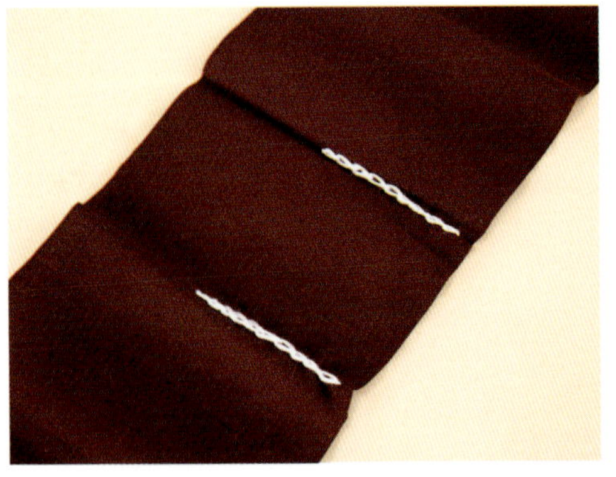

44

De esta manera nos han quedado bien marcadas las líneas del medidor, una cada 5 cm.

45

Una vez terminado el bordado, se plancha para eliminar los pliegues que se habían marcado antes.

●●●● Base del conjunto

46 Se utilizan dos telas y guata de unos 50 cm de ancho y 1, 25 cm de largo. Se coloca la guata y encima las telas cara contra cara.

47 Se coser las dos telas y la guata, dejando un hueco para darle la vuelta.

48 Las tres piezas se cosen siguiendo todo el perímetro. Una vez cosidas, se corta el sobrante que se haya formado.

49 Se da la vuelta a las piezas para que queden ubicadas en su posición definitiva.

Se recomienda ayudarse de un lápiz u objeto puntiagudo para dar la vuelta a las piezas, para que las costuras queden bien colocadas y los ángulos y aristas, perfectamente desdoblados.

50 Con puntada invisible se cose la parte que se había dejado abierta.

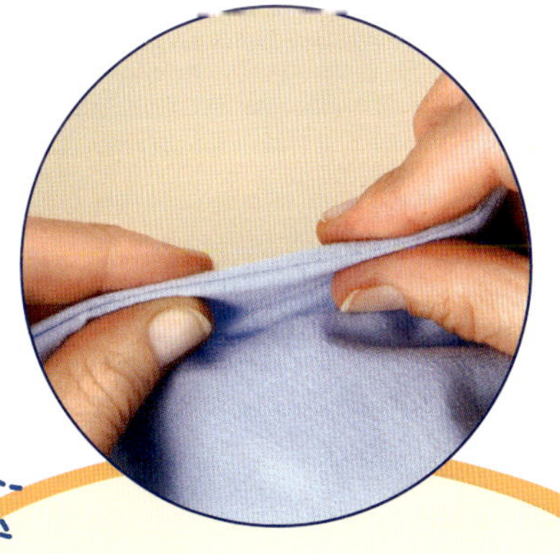

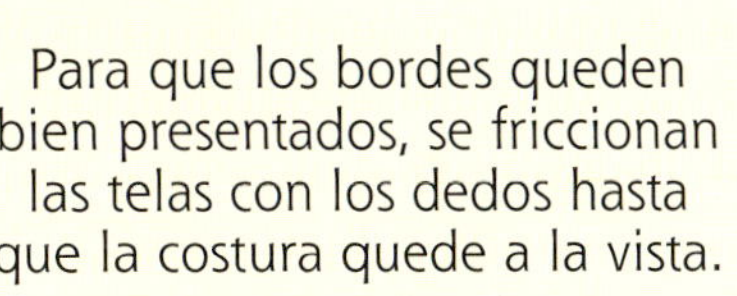

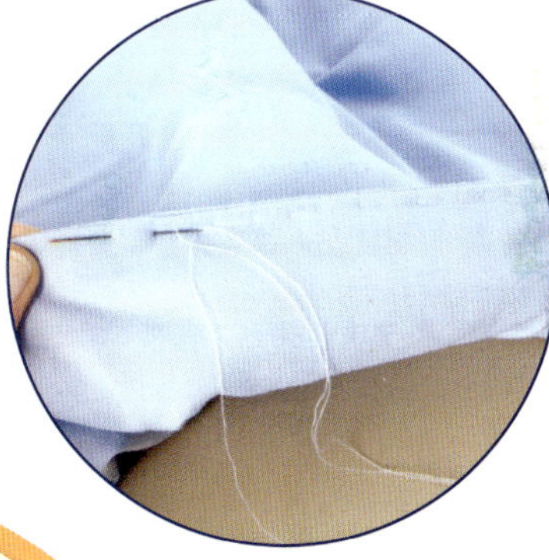

Para que los bordes queden bien presentados, se friccionan las telas con los dedos hasta que la costura quede a la vista.

Luego se plancha a temperatura media-alta, haciendo presión para que todo el conjunto quede bien asentado.

51 Es preciso asegurarse que la costura quede totalmente hacia fuera.

●●● Montaje final

52 Una vez terminada la base, sobre ella y en un lado y a todo lo largo, se coloca el medidor, asegurándolo con un hilván. Este medidor actuará también como tronco del árbol.

53 Se cose el medidor a la base por los bordes de ambos, tal como se muestra en las imágenes.

54 Una vez cosido, se retira el hilván.

55 Sobre la tela elegida se corta la pieza que corresponde a la copa del árbol.

En nuestro proyecto se ha propuesto un determinado tipo de árbol (tronco y copa), pero puede utilizarse otra forma con total libertad. Mientras se asegure que el medidor (es decir el tronco) quede correcto y funcional, lo demás se puede dejar para la inspiración y la creatividad.

56 Con puntada invisible se cose la copa del árbol en la parte superior del medidor, de manera que ocupe el ángulo superior izquierdo del conjunto.

Para la confección del medidor se recomienda elegir una tela de fondo oscura para que las líneas que indican el nivel, en color muy claro, contrasten bien sobre ella. O también se puede optar a la inversa: una tela clara para el fondo y un color intenso y oscuro para las medidas.

58 Sobre una tela de color liso se cortan diferentes formas en elipse, tantas cuantas líneas de 5 cm tenga el medidor.

59 En cada una de estas formas en elipse se dibujan los números correspondientes a los niveles del medidor, a partir del número 60 (correspondiente a 60 cm): 60, 65, 70, 75, 80,...

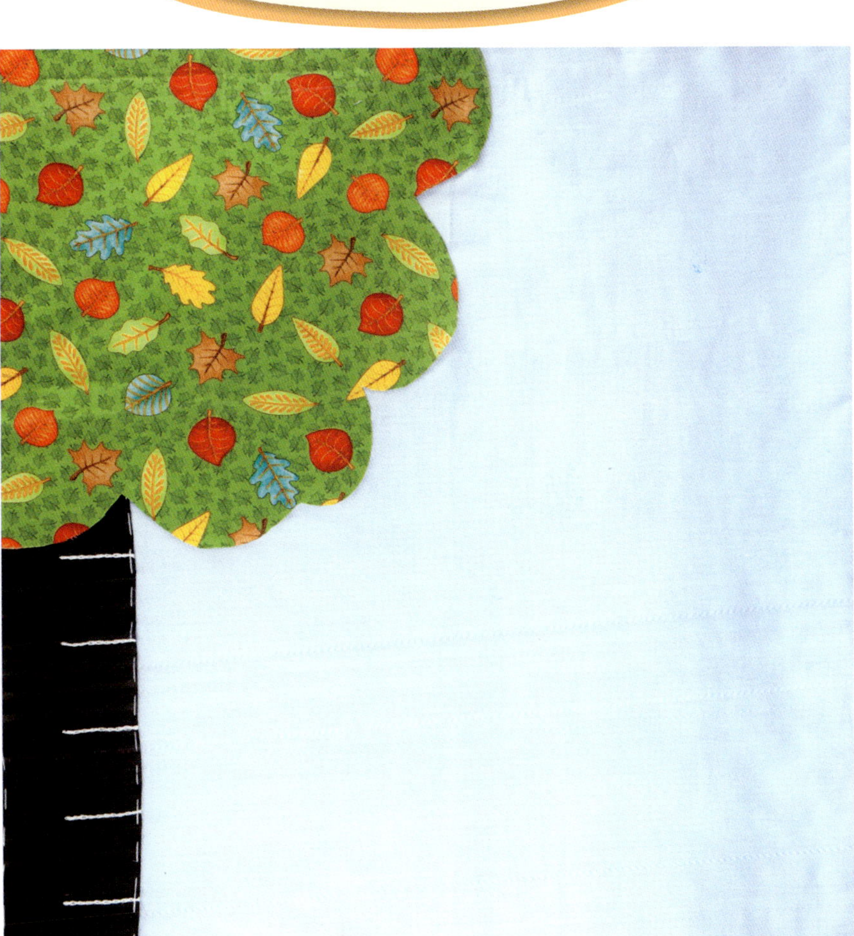

57 Así es como queda el encaje entre el medidor-tronco del árbol y la copa.

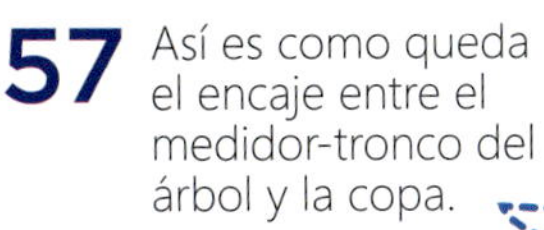
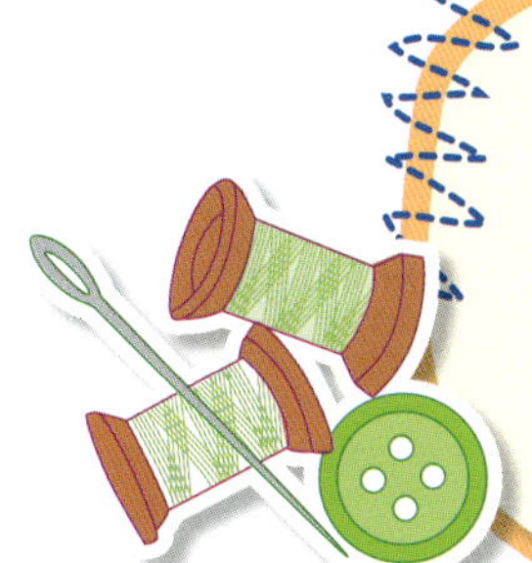

Es importante medir bien, puesto que no se trata solo de un elemento simpático y decorativo, sino también práctico.

Una vez acabado, hay que medir muy bien la altura donde lo vayamos a colgar.

60 Con puntada invisible se cosen las formas en elipse por orden de manera que cada una de ellas quede bien centrada en relación con la línea bordada correspondiente del medidor.

 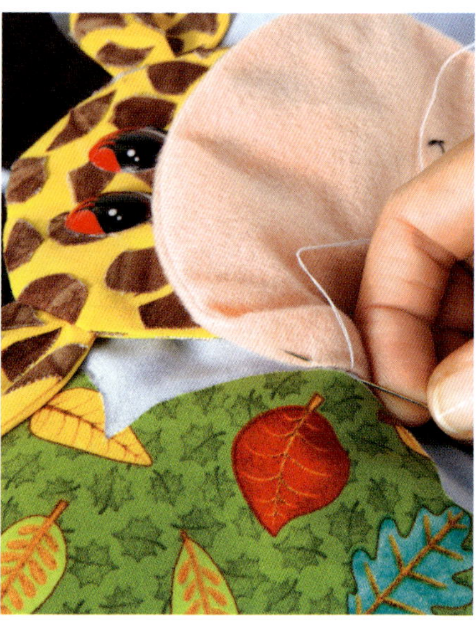

61

Una vez terminado el medidor, se presenta la jirafa sobre la base. Cuando esté decidida su ubicación definitiva, se cosen el resto de piezas en este orden: orejas, hocico, cuernos, cuerpo y patas. A medida que se va avanzando en el cosido, es muy importante procurar que ninguna de sus partes quede arrugada.

El tema que se propone en este apartado se caracteriza por la cantidad de elementos que lo integran. La complicación está en encajar todas las piezas del conjunto, no en cada una de ellas de manera individual. Conviene hacer previamente un esquema general para que cada pieza con sus formas y medidas no se desvíe del proceso.

Sobremesa

Muchas veces un tema simple en sus componentes, bien planificado y elaborado, puede ser tan atractivo como otro más complicado. Tal es el caso del proyecto que aquí se propone.

- 2 cuadrados de 50 x 50 cm (fondo)
- 1 cuadrado de guata de 50 x 50 cm
- 26 cuadrados de 15 x 15 cm (en 4 colores, cuerpo de la gallina)
- 13 cuadrados de 14 x 14 cm (guata)
- 26 círculos de 5 cm a juego con el cuerpo de la gallina
- 13 círculos de 4,5 cm (guata)
- 13 rectángulos de 5 x 12 cm (alas)
- 1 cuadrado de 25 x 25 cm (crestas)
- 1 cuadrado de 15 x 15 cm (picos)
- 1 rectángulo de 10 x 15 cm (nido)
- 12 pares de ojos ara coser

Este es el esquema general del sobremesa que se va a hacer, que puede servir de referencia durante todo el proceso de elaboración. Los patrones se encuentran en la hoja 3, cara 2, donde se han dibujado en color naranja.

Obtención de la pieza central

1 Para formar el centro del mantel sobremesa, se cortan dos piezas de tela y una de guata siliconada de 50x 50 cm.

2 Se unen derecho contra derecho las dos telas encima de la guata y se cosen a máquina, dejando un hueco para darle la vuelta.

3 Se cortan los excedentes que se han formado.

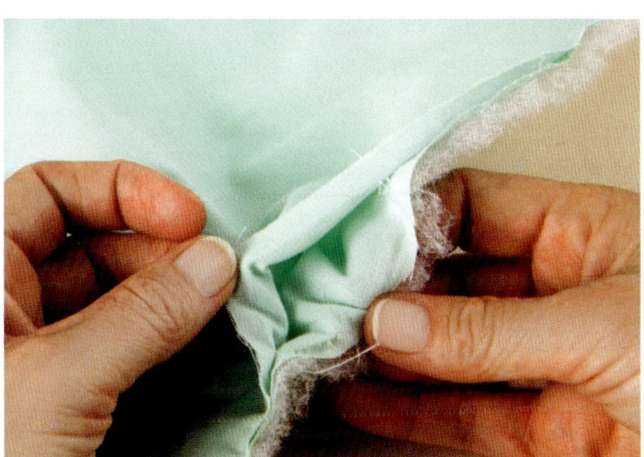

4 Se da la vuelta al conjunto para que quede ya resuelta la pieza central, que servirá de soporte a los demás elementos.

5

Estirando los bordes con las manos se asegura de que queden nítidos.

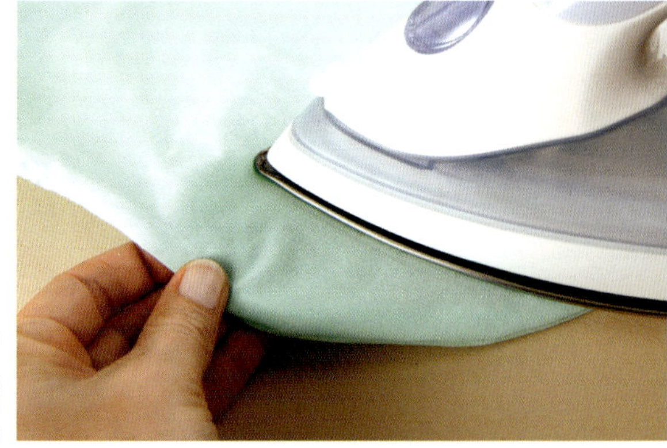

6

Se plancha toda la pieza, con atención especial al borde

7

Con la máquina se cose de nuevo todo el borde por el derecho para que quede mejor asentado.

●●● Confección del cuerpo de una gallina

8

Tomando el patrón correspondiente como referencia, se cortan dos pedazos de tela del mismo color y uno de guata.

9

Se unen derecho contra derecho las dos telas encima de la guata y se cosen a máquina.

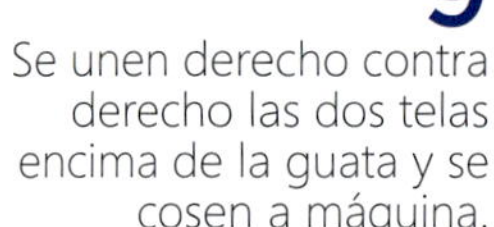

10

Se deja una parte sin coser para poder dar la vuelta al conjunto.

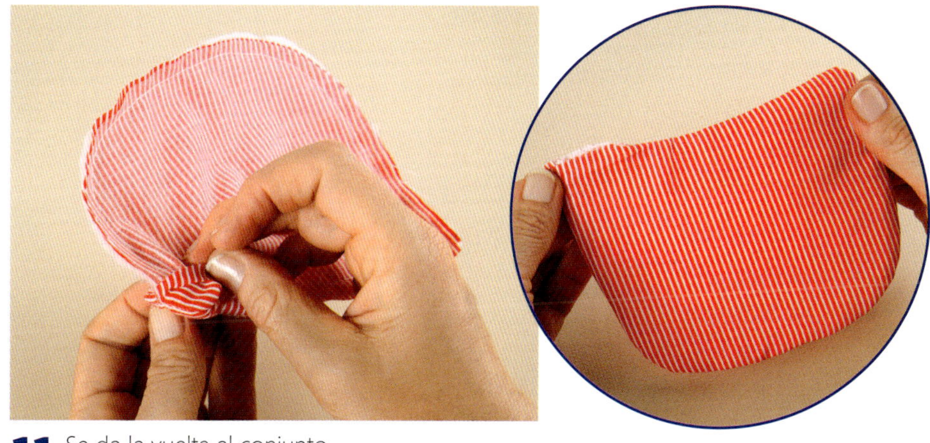

Una vez cosidas las piezas, al cortar la tela sobrante, se deberá hacer de manera que el corte se acerque a la línea de cosido. Ello ayudará a que, después de darle la vuelta, el conjunto se vea mejor.

11 Se da la vuelta al conjunto para que quede bien plano.

12 Con la punta de un lápiz se ajustan los ángulos para que queden bien volteados y perfectamente dispuestos.

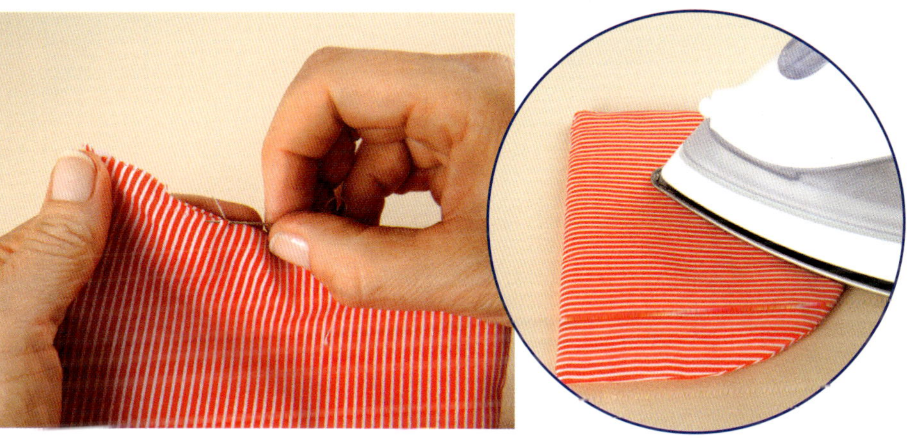

13 Se cose a mano el hueco que se había dejado sin coser y, a continuación, se plancha.

Confección de la cabeza

14 Para elaborar la cabeza, se cortan dos piezas circulares en tela y una en guata siliconada, de acuerdo con el patrón.

15 Se unen derecho contra derecho las dos telas encima de la guata y se cosen, dejando un hueco para dar la vuelta.

16 Se le da la vuelta al conjunto y se cose con puntada invisible.

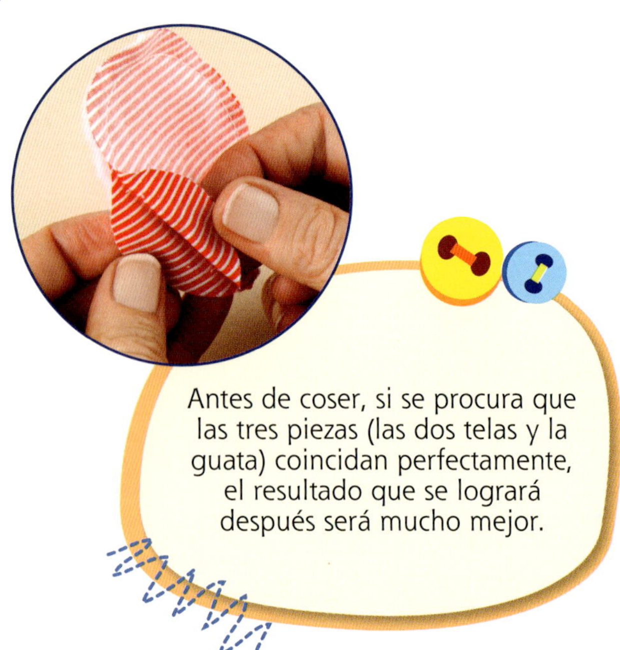

Antes de coser, si se procura que las tres piezas (las dos telas y la guata) coincidan perfectamente, el resultado que se logrará después será mucho mejor.

17 Siguiendo el mismo procedimiento, se elaboran los cuerpos y cabezas de las 12 gallinas que se necesiten.

18 En una tela que contraste con la de la cara de la gallina, se corta un triángulo isósceles, es decir con la base estrecha y los otros dos lados bastante alargados, que servirá para representar el pico.

19 El triángulo con la base en la parte superior se cose a la cara y sobre él se cosen dos bolitas negras que serán los ojos.

20 Para las alas de las gallinas, sobre una tela que contraste con la del cuerpo del animalito, se cortan los trozos que correspondan y se hilvana un dobladillo.

21 Con varias hebras de hilo negro se hacen puntadas largas uniformes alrededor de las alas.

22 Se cose cada ala al cuerpo de la gallina que corresponda...

23 ... y se plancha para que cada elemento (cuerpo y ala) quede bien plano.

24 Este es el aspecto que ofrece el conjunto cuerpo-cabeza de la gallina.

●●● Montaje de las gallinas a la tela de soporte

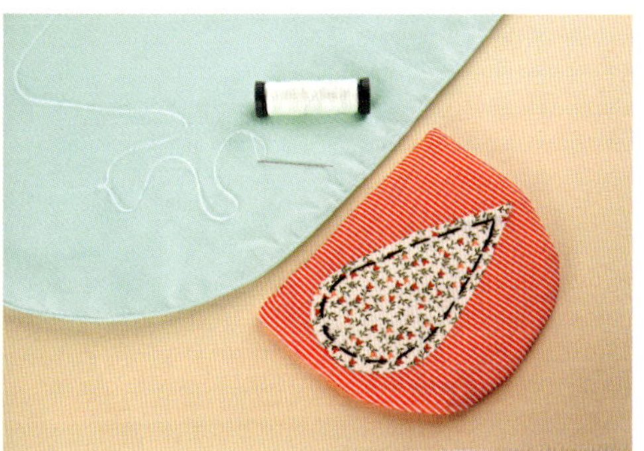

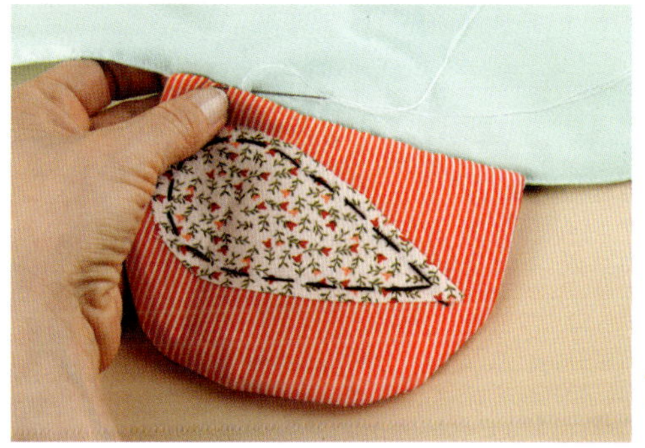

25 Se van cosiendo los cuerpos de las gallinas a la tela central de soporte.

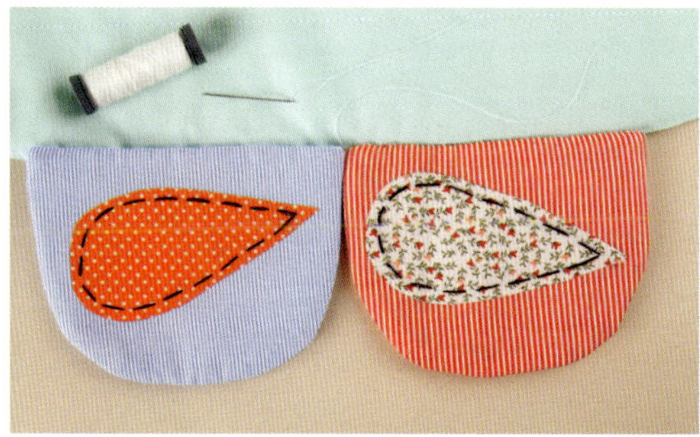

26 La distribución de las gallinas se realizará de manera que los colores queden bien repartidos y no coincidan dos gallinas del mismo color.

27 Así es cómo queda nuestro trabajo una vez terminada la distribución y el cosido de los cuerpos de las gallinas por todo el perímetro de la tela de soporte.

28 Se calcula la colocación de la cabeza de cada gallina y se asegura con un alfiler.

29 Sobre una tela de color rojo se cortan las crestas de las gallinas.

30 Se coloca cada cresta sobre la cabeza, ya ubicada, de cada gallina...

31 ... y se asegura con un alfiler.

32 Con puntada invisible se cose la cresta de la gallina...

33 ... y luego se plancha.

34 Una vez colocada y cosida la cresta, se vuelve a colocar la cabeza de la gallina y se cose en su ubicación definitiva.

Antes de coser la cabeza de cada gallina, se recomienda actuar con la referencia del cuerpo y la cresta, ya cosidos. Esto facilitará encontrar el lugar más adecuado y tal vez permita disimular algún error que se haya podido producir en este punto.

35 Se van cosiendo los cuerpos y las crestas de todas las gallinas. Se asegurará que todos los picos miren en una misma dirección, aunque no es necesario que sea siempre idéntica.

36 Este es el aspecto que presenta el trabajo en esta fase del proceso.

●●● Confección de la clueca

37 Se cortan los diferentes elementos que serán necesarios para la clueca: cuerpo, nido y ala, de acuerdo con el patrón correspondiente.

38 También se cortan y se montan la cresta, la cara de la clueca y las cabezas de los polluelos.

39 Se presenta el cuerpo de la gallina en su lugar en el centro de la tela de soporte y se cose.

40

Sobre el cuerpo
de la gallina se
cose el ala.

41

Se cose ahora la
cresta y la cabeza.

42

Sobre la base
de la clueca se
cose el nido...

43

... y sobre el nido, y en
la parte inferior del ala,
se cosen las cabezas
de los polluelos.

44

Se asegura que los polluelos
cubran bien las imperfecciones
que pudiera haber en la clueca,
el nido o el ala. La disposición
de las cabezas de los polluelos
debe hacerse de manera que
den la sensación de estar bajo
la protección de la clueca.

Escena intimista

Esta escena bucólica nos sirve para llevar a cabo un cuadro intimista. Su realización va a permitir ejercitarnos en la combinación de formas y colores, en la composición y en el equilibrio de los elementos que intervienen.

• 1 cuadrado 60 x 60 cm (fondo)
• 1 rectángulo de 30 x 50 cm (cielo)
• 1 rectángulo de 30 x 50 cm (hierba)
• 1 rectángulo de 20 x 20 cm (copa del árbol 1)
• 1 rectángulo de 15 x 15 cm (copa del árbol 2)
• 2 rectángulos de 5 x 40 cm (troncos de los árboles)
• 3 cuadrados de 15 x 15 cm (vestido y sábana)
• 3 cuadrados de 10 x 10 cm (sombrero y ropa)
• 50 cm de hilo grueso o lana
• 10 cm de cinta de tul

●●● Preparación de la base

1 Se cortan las piezas necesarias para formar la base del cuadro. A medida que se van obteniendo dichas piezas, se colocan sobre una base de color neutro.

Este es el dibujo base de nuestro cuadro. Los patrones necesarios para armarlo se encuentran en la hoja 3, cara 2, donde se han dibujado en color negro.

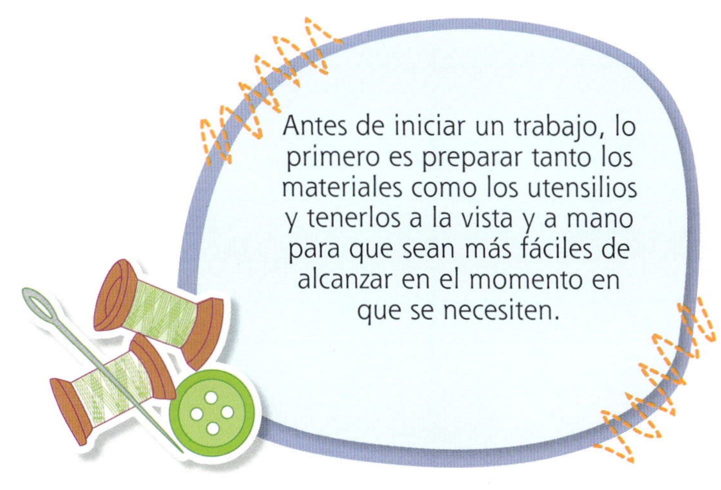

Antes de iniciar un trabajo, lo primero es preparar tanto los materiales como los utensilios y tenerlos a la vista y a mano para que sean más fáciles de alcanzar en el momento en que se necesiten.

2

Se coloca primero la banda que corresponde al cielo y a continuación la banda que representa el suelo poblado de hierba.

3

Con puntada invisible se unen las dos bandas, cielo y suelo.

●●● Troncos de los árboles

4

Una vez cosidas las bandas, se planchan por el derecho para que queden bien planas.

5

Con la referencia de los patrones se cortan los troncos de los árboles.

6 Se ubican los troncos de los árboles en su lugar correspondiente y se cosen a la base.

7 Una vez cosidos los troncos, se planchan.

Cuando vaya a coser los troncos hágalo con un hilo lo más parecido posible al del color de la tela del tronco correspondiente. Ello hará que el trabajo se vea mejor cuidado.

Verifique después de cada paso si cada pieza se encuentra ubicada correctamente en su lugar. Al mismo tiempo, mientras observa el trabajo, vaya pensando en los pasos inmediatos a seguir con el objetivo de poder ubicar en el lugar más adecuado los elementos que siguen.

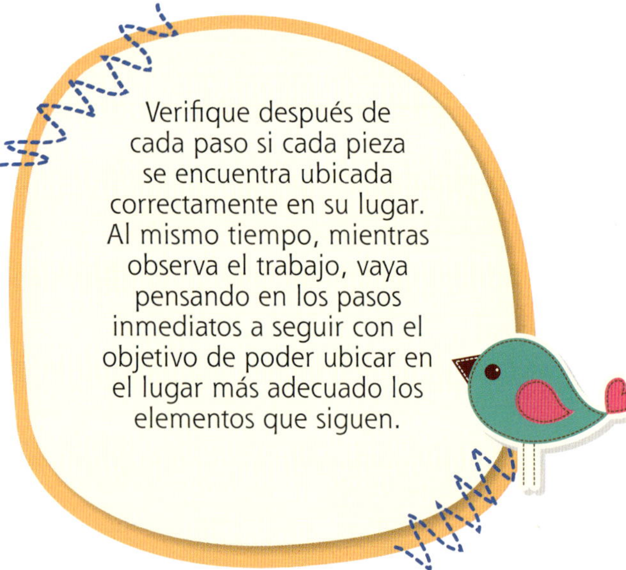

8 Este es el aspecto que ofrece el trabajo en este momento.

Copa de los árboles

9

Se cortan las dos copas con sus patrones respectivos y se hilvanan los dobladillos alrededor.

10

En el ángulo superior derecho se coloca la pieza de la copa del árbol.

11 Se cose la pieza de la copa sobre el tronco y después, se cortan y retiran los hilvanes.

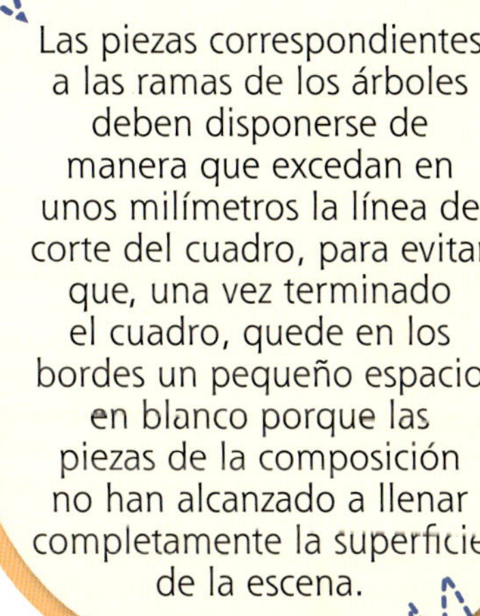

Las piezas correspondientes a las ramas de los árboles deben disponerse de manera que excedan en unos milímetros la línea de corte del cuadro, para evitar que, una vez terminado el cuadro, quede en los bordes un pequeño espacio en blanco porque las piezas de la composición no han alcanzado a llenar completamente la superficie de la escena.

12 Cuando se haya cosido la copa, se plancha.

13

Este es el aspecto que ofrece el árbol de la derecha.

14 Siguiendo el mismo procedimiento del árbol de la derecha (pasos 10-12), se monta la copa del árbol de la izquierda.

15

Una vez terminado el cosido y planchado del árbol de la izquierda, la escena queda de esta manera.

●●● Tendedero

16 Se mide la cuerda del tendedero, que se situará entre los dos árboles.

17

Cuando se haya verificado la medida, se corta la cuerda y se cose cada extremo en el árbol correspondiente.

18

Se corta la primera pieza a colgar en el tendedero.

19

Se hilvana el dobladillo de la pieza y después con puntada invisible se cose en su lugar.

20

Una vez cosida, se corta y se retira el hilván, y se plancha la pieza.

21 Con la referencia de los patrones correspondientes, se cortan las demás piezas que se van a colgar en el tendedero.

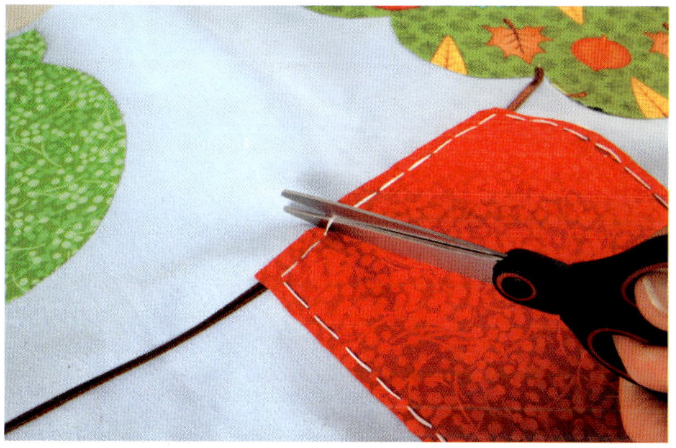

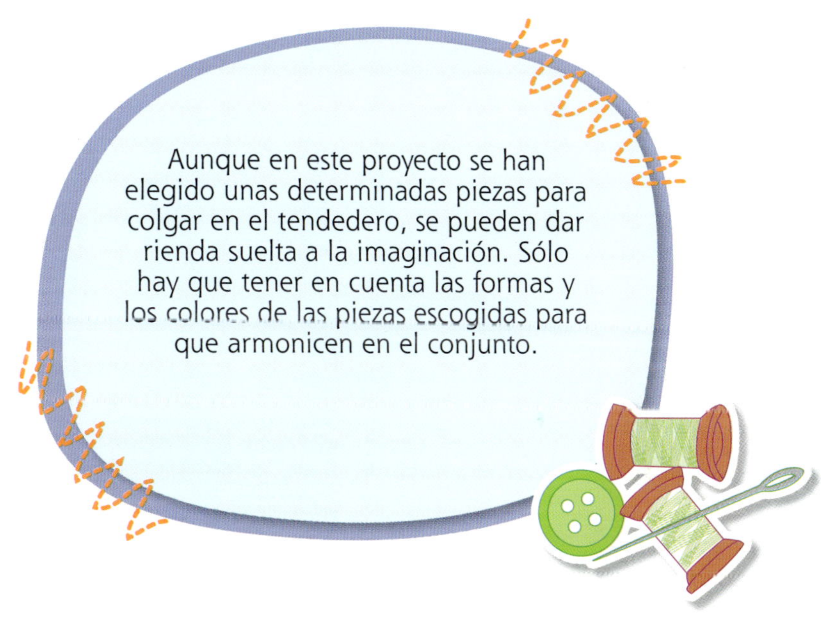

Aunque en este proyecto se han elegido unas determinadas piezas para colgar en el tendedero, se pueden dar rienda suelta a la imaginación. Sólo hay que tener en cuenta las formas y los colores de las piezas escogidas para que armonicen en el conjunto.

22

Con hilos del mismo color de la tela de cada pieza se cosen las prendas del tendedero.

23

Una vez colocadas las piezas en el tendedero, se planchan para que queden bien pegadas a la base del cuadro.

24

Este es el aspecto que presenta nuestro trabajo en este momento. Antes de proseguir, es hora de rectificar cualquier error o imperfección que pueda encontrarse.

Conforme se vayan superando las distintas fases del proceso, se recomienda parar de vez en cuando para observar atentamente lo que se ha hecho, y asegurarse que todo vaya saliendo bien.

Figura de la joven

25

Con la referencia de los patrones, se cortan las piezas del vestido de la joven que se van a necesitar.

26

Se arma el vestido sobre la tela de la base del cuadro, asegurándolo con alfileres.

A la hora de cortar las piezas, no olvide dejar un margen de costura de 5 mm en todo el perímetro de cada pieza, que van a ser necesarios para unir unas piezas con otras y también para el dobladillo con el cual se rematan los bordes.

Es muy importante que, al colocar cada pieza de la figura de la joven, antes de coserla, se asegure que tenga las medidas justas y quede ubicada en el lugar exacto.

27

Una vez que se ha asegurado la correcta colocación de la pieza del vestido, se cose con puntada invisible.

No espere a planchar hasta tener montado todo el vestido. Es mejor hacerlo después de colocar cada pieza, puesto que con ello se asegurará que la próxima pieza que se vaya a poner encima o a su lado pueda encajarse mejor y más fácilmente.

28
Después, se plancha bien.

29
Se coloca una manga por debajo del vestido, en la parte superior derecha.

30 Una vez colocada correctamente, se cose...

31 ... y después se plancha.

32 Así es como deben quedar las mangas del vestido.

33 Se coloca la pieza que corresponde el sombrero en su ubicación correcta y se cose con hilo del mismo color.

34 Antes de dar por terminada esta fase, se plancha todo el conjunto.

35 Así es como tenemos el trabajo en estos momentos.

⬤⬤⬤ Acabado

36

Se cose la cinta de tul con que se ciñe el sobrevestido.

37

Se coloca un cordón para ceñir la base de la copa del sombrero.

38

Así es cómo debe quedar el conjunto de la imagen de la joven.

Alfiletero

Una de las ventajas del patchwork es que permite unir varios intereses en un mismo trabajo: mejorar en esta técnica, aprovechar restos de telas, crear un elemento práctico y utilitario, pasar unos buenos momentos en el transcurso del proceso de trabajo y dotar de un toque personal a aquello que uno realiza. Todo este conjunto de factores es lo que hace agradable la práctica de esta técnica. El proyecto que ahora se propone es, sin duda, un buen ejemplo de ello.

- 1 cuadrado de 27 x 27 cm
- 2 cuadrados de 11 x 11 cm (en 2 colores)
- Relleno de algodón siliconado

●●● Preparación de la estructura básica

1 Se corta un cuadrado de 27 cm de lado.

2 Por el derecho de la tela se marca 1,5 cm por cada lado.

3 Con la regla se traza una línea a 1,5 cm del borde, por las marcas hechas en el paso anterior.

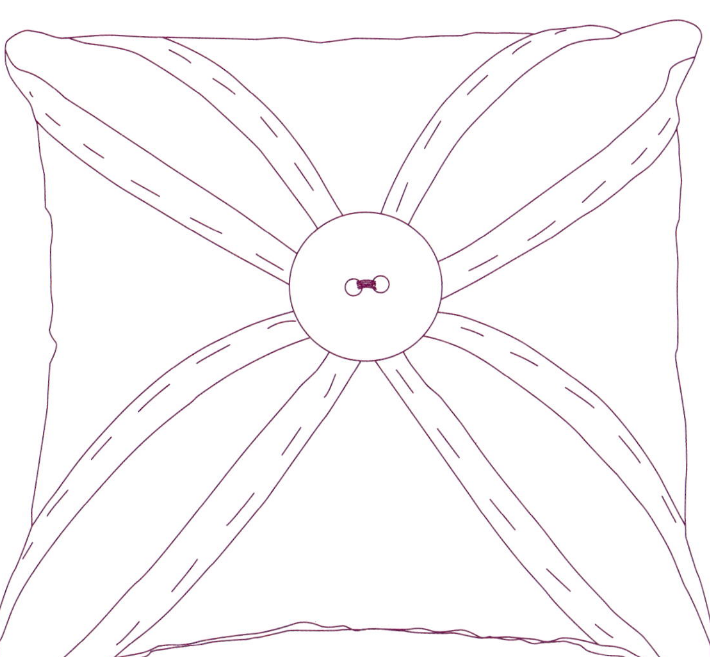

He aquí el dibujo base del alfiletero que se va a realizar. Los patrones correspondientes se encuentran en la hoja 3, cara 2, donde se han dibujado en color violeta.

4 La línea debe trazarse en los cuatro lados.

5 Se da la vuelta a la tela y por el revés, se dobla por la línea trazada.

6 Con la plancha se marcan bien los dobleces realizados.

7 Observe cómo queda la tela una vez planchada por los cuatro lados.

8 Ahora se doblan las esquinas.

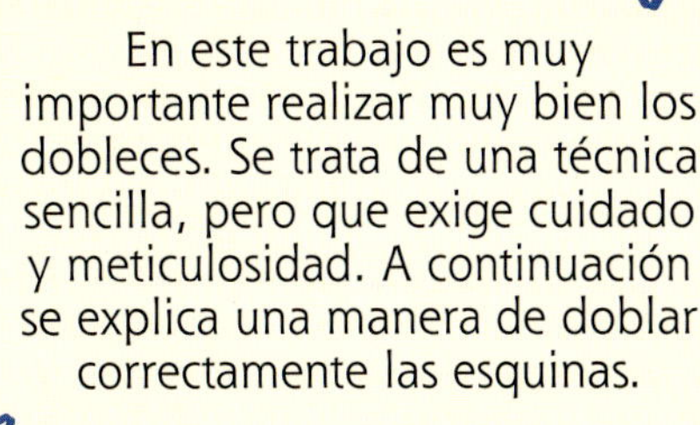

En este trabajo es muy importante realizar muy bien los dobleces. Se trata de una técnica sencilla, pero que exige cuidado y meticulosidad. A continuación se explica una manera de doblar correctamente las esquinas.

Cómo realizar las esquinas

1 Se dobla hacia dentro la esquina tal como quedó una vez planchada, cuidando que, con la referencia de las líneas marcadas anteriormente, se forme un pequeño triángulo.

2 Antes de marcar nuevamente con la plancha, es necesario asegurarse que los dobleces queden perfectamente alineados.

3 Se dobla hacia dentro el lado que se había planchado.

4 Se vuelve a planchar.

5 Se repite el proceso en los otros lados.

6 Se plancha muy bien el conjunto para que todo quede perfectamente marcado.

7 Debe asegurarse que las puntas queden lo más regulares posible.

8 Así queda una vez terminado.

9 Se dobla toda la pieza por la mitad en sentido horizontal.

10 Se plancha para que quede muy bien marcada la línea que señala la mitad exacta de la pieza.

11 Se dobla nuevamente formando una cruz con el doblez anterior.

12 Se plancha este segundo doblez.

13 He aquí la pieza con los dobleces en cruz y con el centro perfectamente situado.

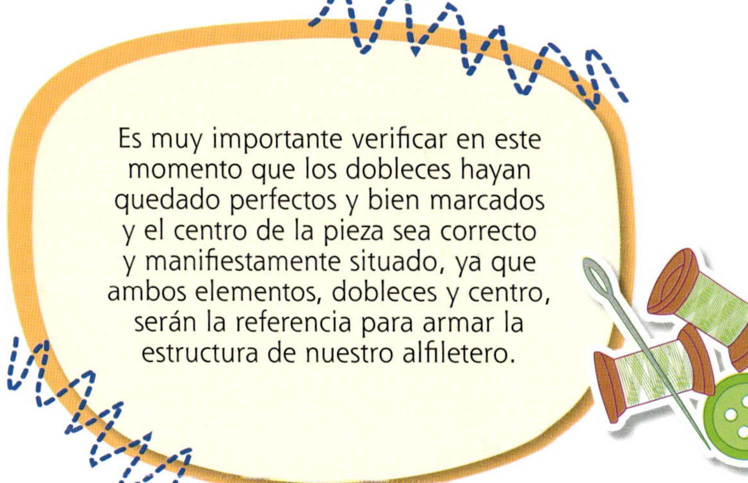

Es muy importante verificar en este momento que los dobleces hayan quedado perfectos y bien marcados y el centro de la pieza sea correcto y manifiestamente situado, ya que ambos elementos, dobleces y centro, serán la referencia para armar la estructura de nuestro alfiletero.

●●● Doblaje para forma y organización

14 Se inicia una nueva tanda de dobleces, ahora desde una esquina hasta el centro.

15 Se repite el paso anterior con el resto de las esquinas, igual que si se tratara de confeccionar un sobre de carta tradicional de formato cuadrado.

16 Una vez terminada la operación, se plancha a conciencia para que los dobleces realizados queden bien marcados.

17 Empieza ahora una nueva fase de dobleces, una vez más desde las esquinas que se nos han formado hacia el centro, tal como muestra la imagen.

18 A medida que se va terminando cada doblez, se va planchando.

19 Cuando se han plegado y planchado los cuatro dobleces, se plancha el conjunto.

Elaboración del forro

20 Para el forro y el frontal se van utilizar dos telas de color diferente, aquí una con tela chispeada de colores y otra de color rosa. Sobre cada una de ellas se dibuja un cuadrado, esta vez de 11 cm de lado en ambos casos.

21 Se coloca la tela que va a servir de forro en el interior del receptáculo que forma la tela doblada y planchada anteriormente, tal como indica la imagen.

22 Se cierra el receptáculo.

23 Con aguja e hilo se cosen dos puntas del receptáculo que quedan enfrentadas, es decir la punta 1 con la 3.

24

Para que queden bien aseguradas, se rematan muy bien dichas puntas.

25

A continuación, se repite la operación con las otras dos puntas, es decir, la 2 con la 4.

●●● Trabajo del frontal

26

Se toma ahora la otra tela cortada en el paso 20 y se marcan las diagonales. Se corta por dichas diagonales de manera que se formen cuatro triángulos regulares.

27

Se coloca cada uno sobre un triángulo del receptáculo de base, pero de manera que el que se coloca ahora quede perfectamente situado, aunque desplazado hacia el exterior 5 mm. Esto hará que los dos bordes interiores del triángulo del receptáculo muestren un ribete de color, en este caso verde, de 5 mm.

28

Se asegura el triángulo de color rosa sobre el triángulo correspondiente del receptáculo con un alfiler. Este alfiler debe situarse en la parte superior del triángulo, es decir, hacia el centro del receptáculo.

29

Se repite el proceso en cada uno de los triángulos restantes.

30 Se dobla sobre la tela rosada del frontal el ribete verde de 5 mm del triángulo del receptáculo que se dejó a la vista.

31 Con hilo de color que contraste se cose el doblez que se ha hecho. Aunque también puede coserse con puntada invisible; aquí se ha hecho un hilván.

32 Para conseguir un buen acabado, las puntadas han de ser lo más uniformes posible.

33

Cuando se llegue a la esquina, no es necesario rematar. Bastará con doblar nuevamente, pasar la aguja por debajo y empezar a coser nuevamente.

34

Se comienza nuevamente
con el pespunte hacia abajo
hasta llegar al centro.

35

Se repite el proceso en
todos los triángulos. Una vez
terminada dicha fase, el trabajo
presentará este aspecto.

36

Si se mira por el revés, el
trabajo se verá tal como
muestra la imagen. Ponga
atención al aspecto que
ofrecen las esquinas y el
excedente de la tela rosa.

●●● Acabado

37

Se corta el excedente
de la tela rosa.

38

Una vez eliminado el
excedente, los bordes del
frontal y del receptáculo
tienen que coincidir.

39 Una vez igualadas las telas, se coloca
el receptáculo sobre la tela de base,
asegurándose que queda derecho
con derecho.

40 Se corta por el borde de manera que quede un
cuadrado del mismo tamaño de la tela base.

41 Se encara pieza (receptáculo) con pieza (tela base) y se cosen a mano o a máquina.

42 El cosido se debe hacer muy cerca del borde.

43 En este cosido se dejará un pequeño tramo abierto para poder dar la vuelta al receptáculo.

44 Se le da la vuelta y con la ayuda de un lápiz se sacan las esquinas.

45 Por el pequeño tramo que se dejó abierto se llena el alfiletero con abundante algodón siliconado.

46 Para cerrar todo el perímetro, se acercan simplemente las telas y se cosen con puntada invisible.

47 El alfiletero puede adornarse con un botón blanco en el centro que, una vez cosido, se rematará bien.

48 He aquí el resultado final.

Delantal

Con este proyecto se cierra el grupo de propuestas clasificadas de tercer nivel. El delantal que vamos a realizar constituye un resumen de las técnicas que se han ido utilizando a lo largo del libro, así como de los comentarios sobre el color, los contrastes y las formas.

- 1 rectángulo de 10 x 100 cm (fondo)
- 1 rectángulo de 30 x 50 cm (corteza de la sandía)
- 1 rectángulo de 20 x 10 cm (pulpa de la sandía)
- 1 cuadrado de 30 x 30 cm (perro)
- 1 rectángulo de 15 x 20 cm (hocico del perro)
- 1 cuadrado de 50 x 50 cm (vestido de la muñeca)
- 1 cuadrado de 30 x 30 cm (mangas de la blusa)
- 1 cuadrado de 10 x 10 cm (puños de la blusa)
- 1 cuadrado de 30 x 30 cm (pelo)
- 2 cuadrados de 10 x 10 cm (zapatos)
- 2 cuadrados de 5 x 5 cm (medias)
- 1 rectángulo de 5 x 10 cm (sombrero de la muñeca)
- 9 círculos de 5 cm (flores)
- 1 cuadrado de 10 x 10 cm (casquete del perro)
- 1 círculo de 8 cm (nariz del perro)
- 1 círculo de 8 cm (bolita casquete del perro)
- Tela color piel
- Lana amarilla, cinta blanca, botones, ojos para coser, bolitas negras para el hocico, cinta de tul

Este es el dibujo base de nuestro delantal. Los patrones para su realización se encuentran en la hoja 3, cara 2, donde figuran dibujados en color verde claro.

●●● Base y sandía

1 Se dobla la tela da la base por la mitad y se plancha a temperatura alta para que quede bien marcado el pliegue que servirá de guía para todo el proceso.

2 Se corta la pieza de tela necesaria para formar el cuerpo de la muñeca.

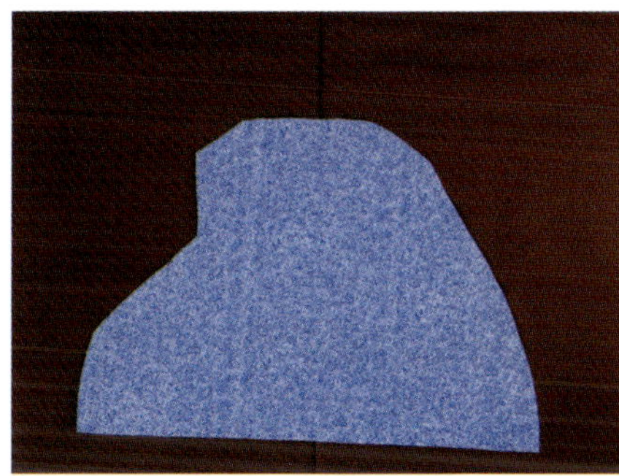

3 Con la referencia de la línea-guía que forma el pliegue planchado, se coloca el cuerpo sobre la tela de base y se cose.

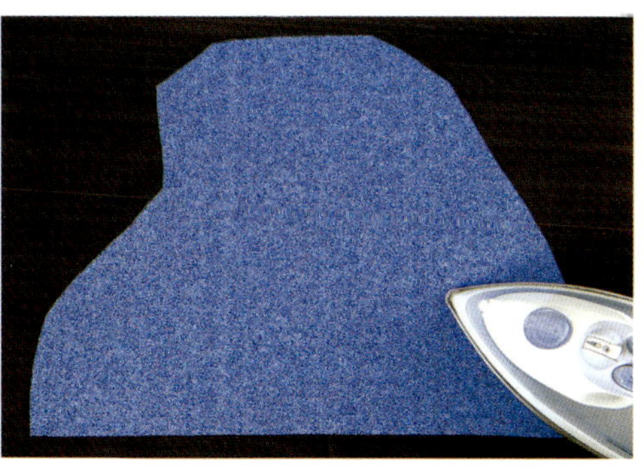

4 Se plancha bien para que la tela quede bien plana y acomodada sobre la base.

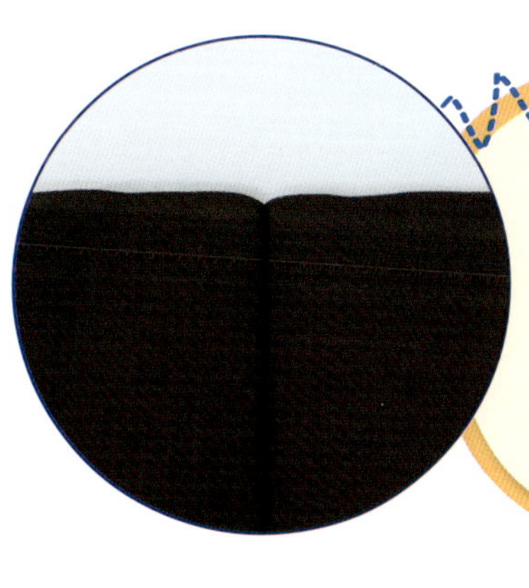

Es muy importante marcar bien al planchar los pliegues que vayan a servir de referencia para futuras fases del proyecto.

5

Se cortan la pulpa y la corteza de la sandía.

6

Se coloca la pulpa de la sandía en su lugar correspondiente, siempre con la referencia de la línea guía.

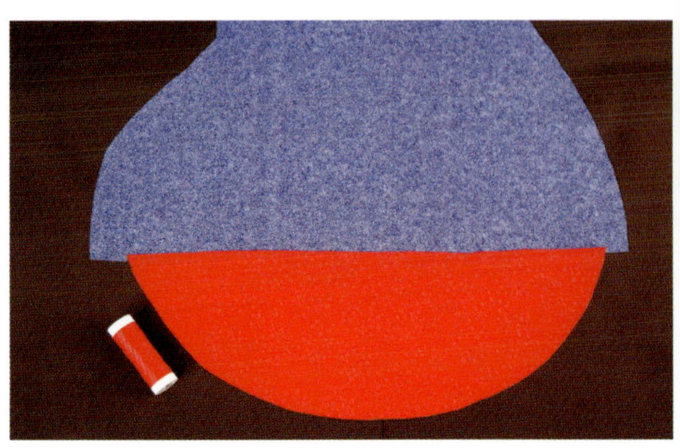

7

Con hilo de color lo más parecido posible, se cose la pulpa de la sandía.

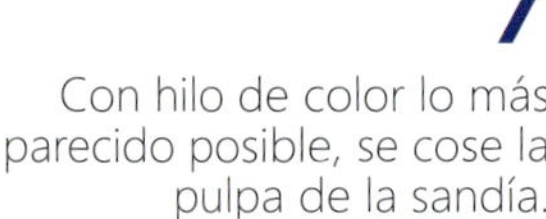

8

Luego se plancha para que quede bien fijada a la tela de base.

9

Se presenta la corteza de la sandía para asegurar que quede bien situada en su lugar definitivo.

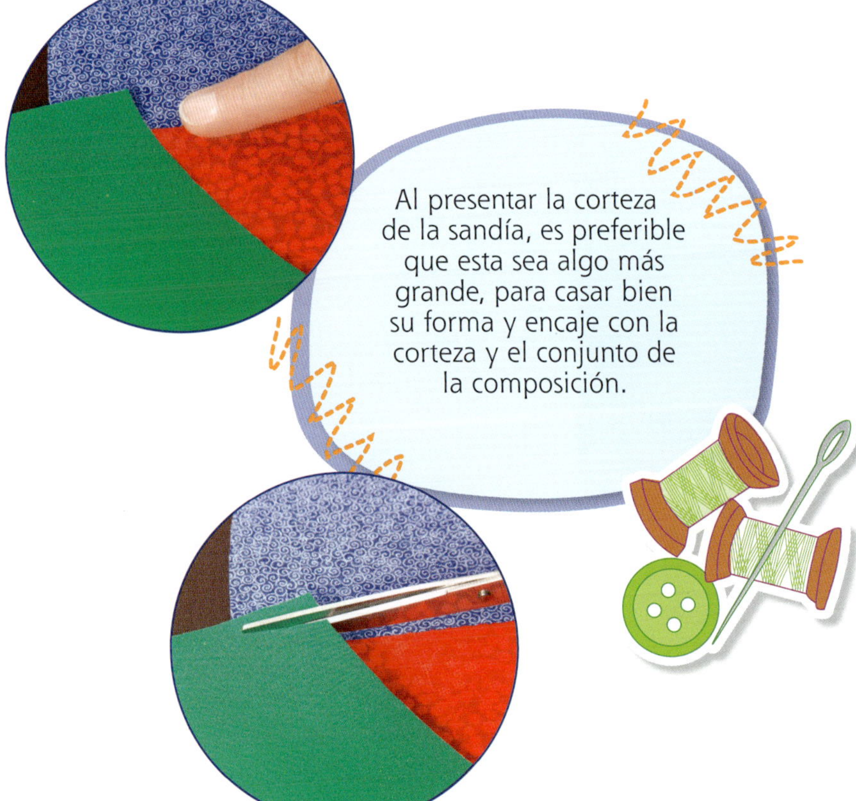

Al presentar la corteza de la sandía, es preferible que esta sea algo más grande, para casar bien su forma y encaje con la corteza y el conjunto de la composición.

10 Una vez que la corteza haya adquirido la forma definitiva y se haya situado correctamente en su lugar, se asegura con alfileres solo en su parte superior.

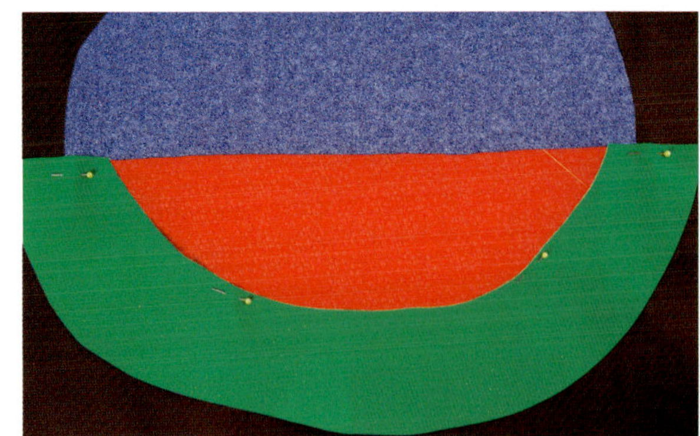

●●● Calzado

11

Se cortan las piezas que van a servir para los zapatos y se colocan en la parte inferior. Su parte superior debe quedar por debajo de la corteza de la sandía.

12 Se retira ahora la corteza de la sandía y se cosen los zapatos.

Es importante que los zapatos se centren correctamente, para que el conjunto quede bien equilibrado. Para ello no debe olvidarse la referencia de la línea guía.

13

Bien centradas en los zapatos, se colocan las medias de la muñeca.

14 Una vez cosidos y planchados los zapatos y las medias, se recoloca la corteza de la sandía en su lugar...

15 ... y después se cose...

16 ... y se plancha.

●●● Mangas

17

Se preparan las piezas con las que se van a representar las mangas.

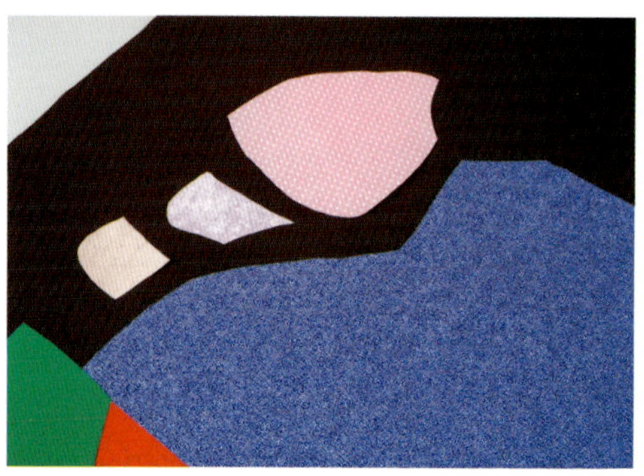

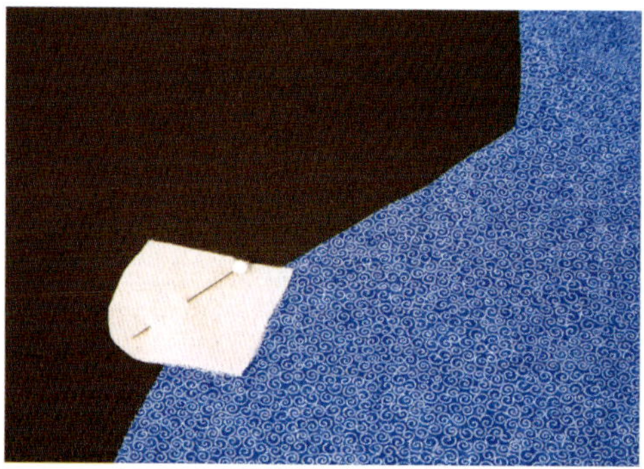

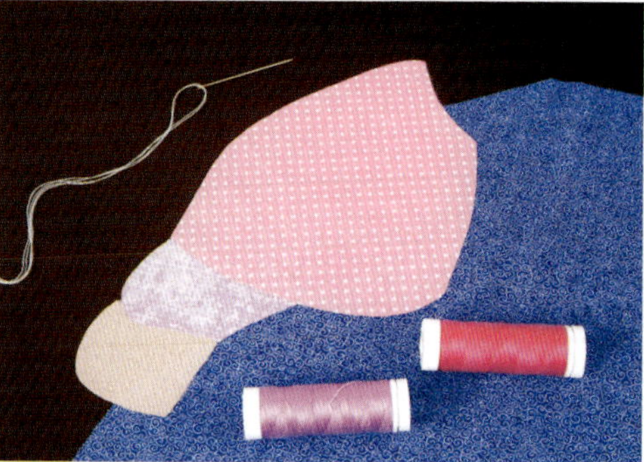

19 Con hilos de colores iguales a los de las piezas correspondientes y con puntada invisible se cosen las tres piezas de las mangas.

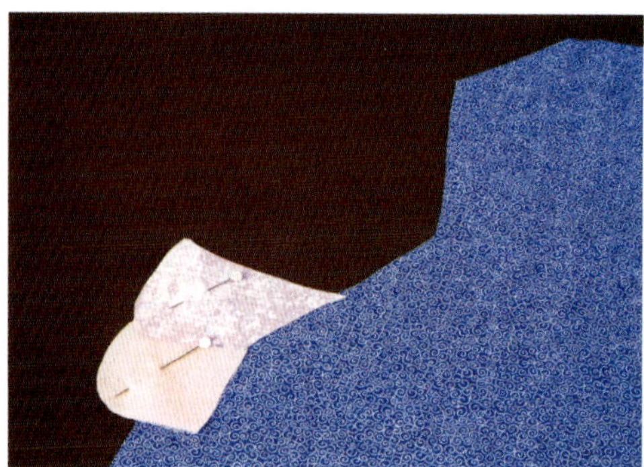

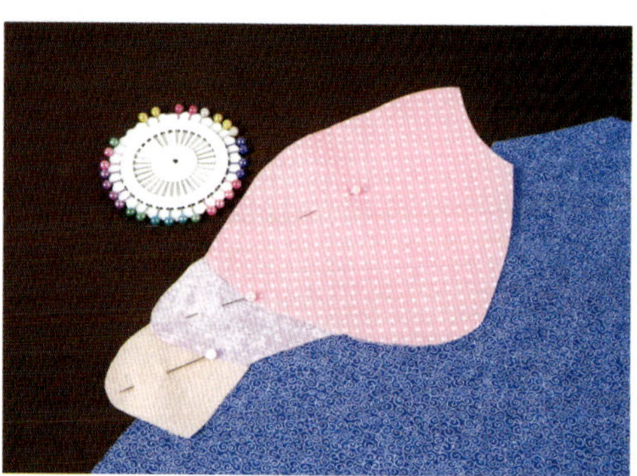

18 Por cada lado se colocan las tres piezas correspondientes al brazo: manga, dobladillo y mano.

20 Así es cómo debe quedar formada y situada la manga.

21

Para la otra manga, se procede igualmente, acomodando las piezas en su lugar pertinente.

22
Una vez cosidas las piezas, se planchan.

23
Se observa el trabajo realizado hasta este momento y se verifica que el conjunto guarde una cierta simetría general. Ello es importante para el aspecto final del trabajo.

●●●● Blusa

24 Para la blusa, se prepara la pieza necesaria.

25 Se coloca la pieza sobre el vestido de la muñeca con la referencia de la línea guía y luego, se plancha.

26 Así es cómo debe verse la parte superior del vestido de la muñeca.

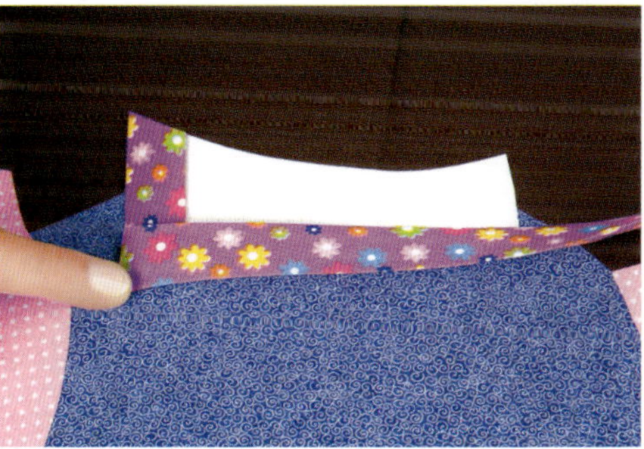

27 Para resaltar el cuello de la blusa, se adorna con una delgada banda que se dobla en las esquinas. Una vez ubicada, se asegura con alfileres.

28 Se corta el sobrante de la banda y se cose con puntada invisible.

29 Después se plancha.

●●● ● Cabeza

30 Se corta siguiendo el patrón la pieza de la cabeza y se coloca en su lugar.

31 Con un lápiz se dibuja una sonrisa proporcional al tamaño de la cabeza.

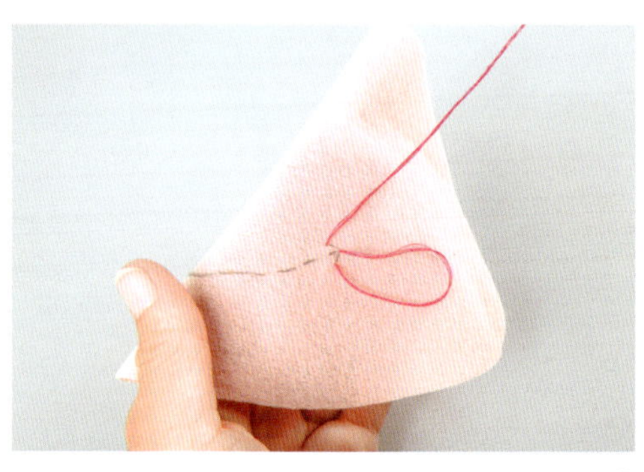

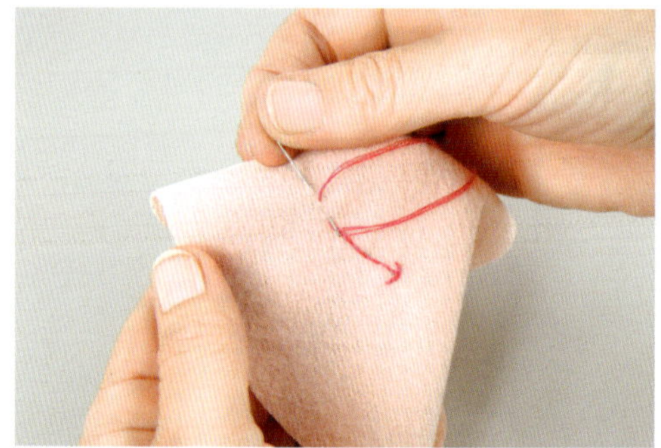

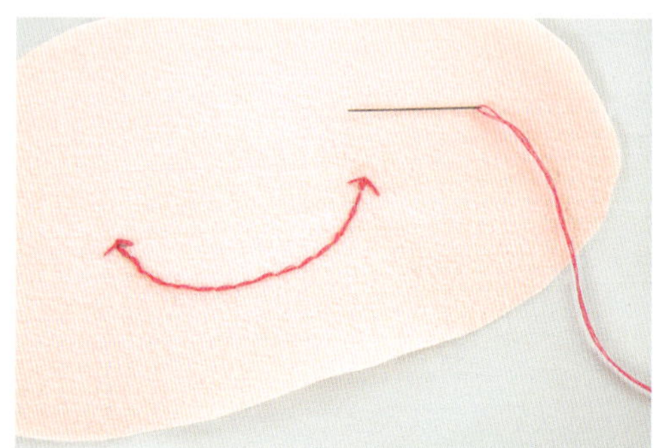

32 Con un pespunte se borda la sonrisa de la muñeca.

33 Se cose la cabeza y se plancha.

34 Así es como queda la cabeza en este momento.

35 Con la referencia de los patrones se corta el cabello y se coloca, asegurándose de cubrir las imperfecciones que pueda haber en los hombros y el cuello.

36 Una vez cosido el pelo, se plancha.

 **Cofia**

37 Para la cofia de la muñeca, se corta la pieza de tela correspondiente, se presenta en su lugar, se cose y se plancha.

38

Se elige el elemento que va a servir para adornar la cofia, en este caso unas flores pequeñas muy coloridas, de colores diferentes, que se distribuirán de la manera que resulte más atractiva.

39

Una vez distribuidas las flores, se cosen cada una con el hilo del color más parecido al de la flor correspondiente.

40

Así es como queda la cofia en este momento.

●●● Pelo

41 Se va a utilizar hilo de lana para el pelo de la muñeca.

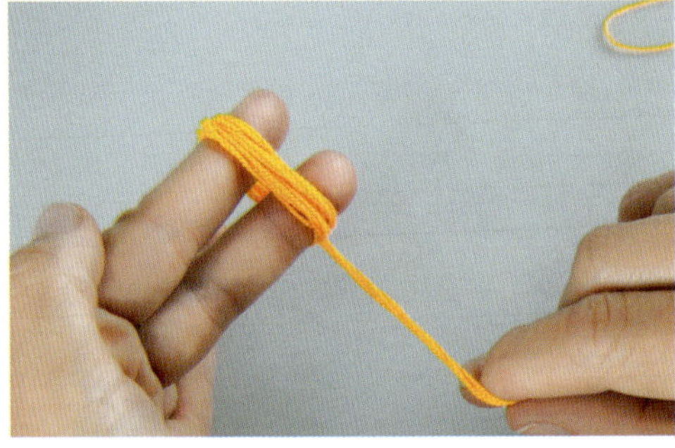

42 Se toma una medida de dos dedos y sobre ellos se dan tres o cuatro vueltas con el hilo de lana.

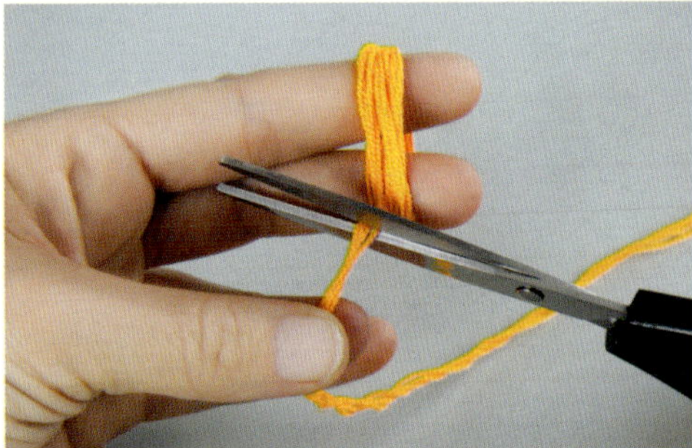

43 Se verifica que las vueltas sean uniformes y se corta el hilo.

44 Con hilo de la misma lana se asegura el haz formado, dando unas vueltas en el centro para formar un lazo.

45 Se realiza un nudo muy apretado para evitar que el lazo formado no se deshaga y se dañe.

46 Se corta el exceso del hilo.

47 Con el mismo sistema, se realizan tantos lazos cuantos sean necesarios.

48 Se abren el lazo para que adquiera más volumen.

49

Se cosen los lazos en el borde de la cofia, tantos cuantos se requieran.

50 Se cortan los excesos de lana.

51 Se observa cómo queda.

52

Se colocan unos ojos para dar expresión a la cara de la muñeca.

53

Este es el aspecto de nuestra muñeca en esta fase del proceso.

Acabado de la sandía

54

Para el acabado de la sandía, se coge una cinta de color blanco y unos botones pequeños de color negro.

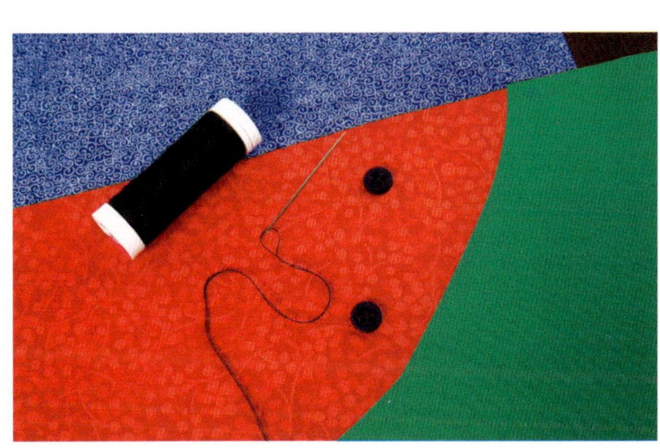

55

Con hilo negro se cosen los botones para representar las semillas.

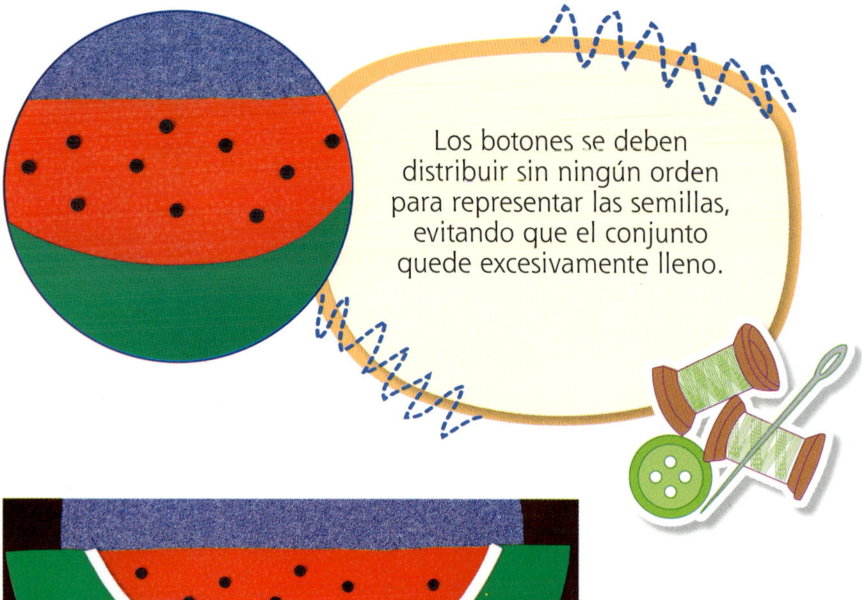

Los botones se deben distribuir sin ningún orden para representar las semillas, evitando que el conjunto quede excesivamente lleno.

56 Con una cinta delgada de color blanco se marca el límite entre la corteza y la pulpa. Se coloca en su sitio, se cose y finalmente se corta la cinta sobrante.

57

Así es como queda la parte inferior de la muñeca.

●●● Perro

58

Para el trabajo del perro se corta la pieza de tela correspondiente al morro.

59

Con lápiz se marca la línea media, o rafe, del morro.

60

Con hilo negro y aguja se borda la línea media a pespunte.

61

Se utilizan bolitas negras pequeñas para representar los bigotes.

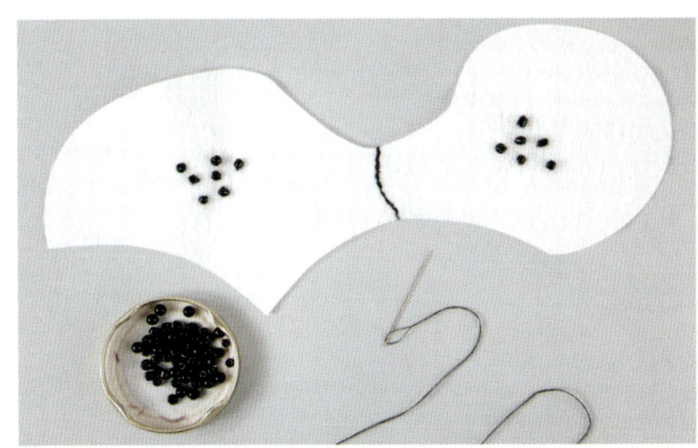

62

Se corta ahora la pieza de tela correspondiente a la cara del perro y se cose sobre el delantal.

63 Se acomoda el morro sobre la pieza que representa la cara, se cose con puntada invisible y después, se plancha.

64 Se corta un círculo en marrón muy oscuro para la punta de la nariz y se coloca en el espacio que quedó libre entre la cara y el morro. Luego se cose.

65 Para las orejas y los pies se cortan las piezas necesarias.

Presentación del casquete y las orejas

1 Se coloca la pieza que corresponde al casquete del perro.

2 Sobre el casquete, se colocan las orejas.

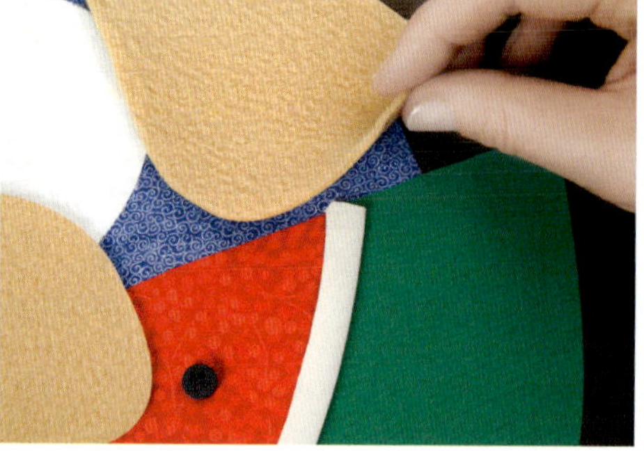

3 Se colocan que caigan graciosas sobre la sandía.

4 Detalle de la oreja izquierda del perro en su lugar.

5 Cuando esté clara la disposición, se retira el casquete.

66 Con cuidado de no mover las orejas del lugar donde se han ubicado, se cosen.

Siempre que se deba superponer una pieza a otra es una buena oportunidad para ver si en la colocación o montaje de las piezas inferiores se ha producido algún error o imperfección y aprovechar para disimular o cubrir imperfecciones.

67 Después, se planchan.

68 Este es el aspecto de nuestro perro en este momento.

69 Se coloca el casquete sobre las orejas y se cose.

72 Este es el aspecto general de nuestra muñeca en este momento.

70 Luego se plancha...

71 ... para que quede así.

● ● ● Acabado del perro

73 Se colocan y se cosen los pies del perro en su posición.

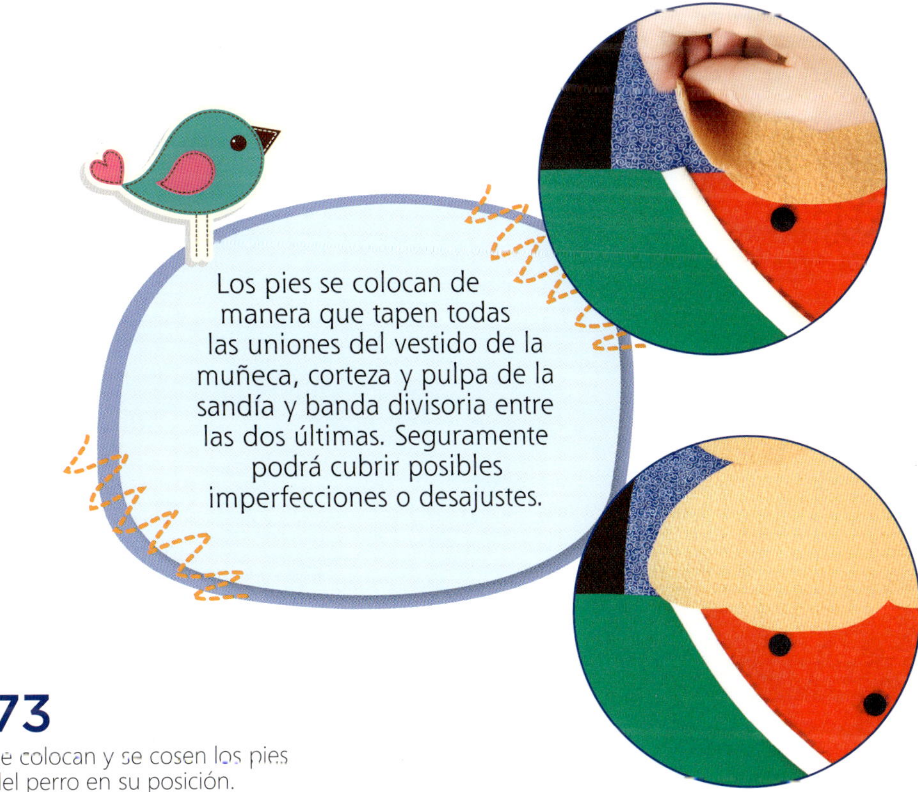

74
Una vez cosidos, los pies se planchan para que las telas correspondientes queden lo más planas posible.

75
Se utilizan unas bolitas negras para representar los ojos.

76 Con una tirita de peluche de color oscuro, se resalta el dobladillo que actúa como borde inferior del casquete.

77
Así es como ha quedado finalmente nuestro perro.

●●● Acabados finales

78 Con una cinta de tul se hacen unos lazos para adornar los pies de la muñeca.

79 Se cosen unos botoncitos negros para representar los botones centrales de las flores de la cofia de la muñeca.

80 Bajo la barbilla de la muñeca, otro lazo de tul adorna el cuello de la blusa.

Realización del pompón del casquete del perro

1 Se utiliza una tela de color llamativo, en la que se corta un círculo, y relleno.

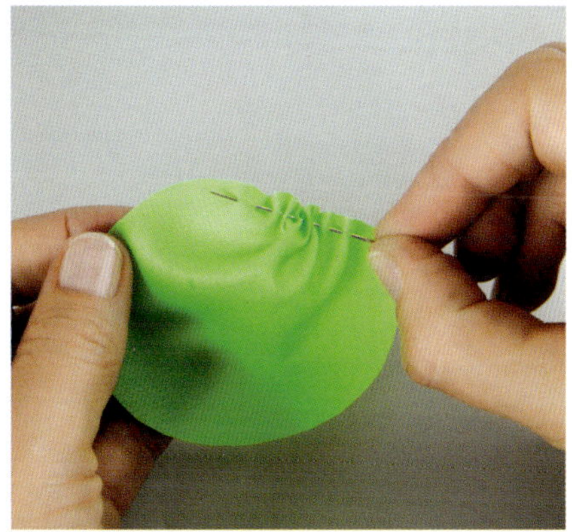

2 A unos 5 mm del borde se realiza un fruncido en todo el perímetro.

81 Se cose el pompón en la punta del casquete del perro.

3 Una vez reseguido todo el borde, se estira la hebra hasta formar una especie de recipiente.

4 Se rellena con relleno de algodón.

5 Se tira de la hebra hasta que quede bien cerrado.

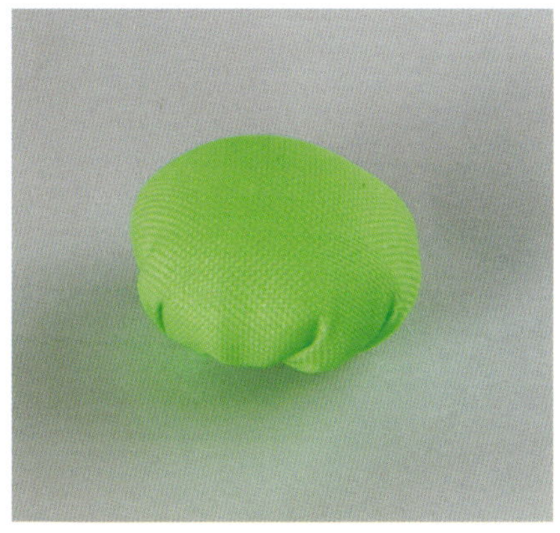

6 Se anuda la hebra para asegurar el fruncido y ya tenemos el pompón.

82 Se recorta todo alrededor la tela utilizada como fondo Este es el aspecto de nuestro trabajo en esta fase del proceso.

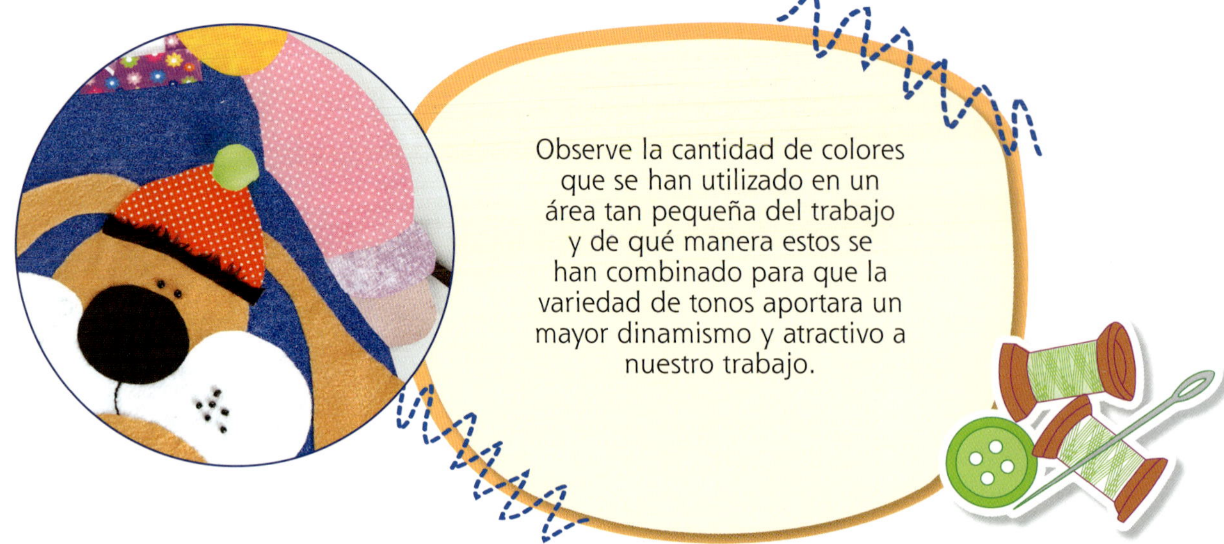

Observe la cantidad de colores que se han utilizado en un área tan pequeña del trabajo y de qué manera estos se han combinado para que la variedad de tonos aportara un mayor dinamismo y atractivo a nuestro trabajo.

83

Antes de dar por terminado el delantal debe asegurarse que todas las costuras estén bien rematadas y después, con unas tijeras, se pule el conjunto, siguiendo meticulosamente todo el perímetro del trabajo.

84

Para poder anudarse el delantal, se cosen unas cintas de unos 50 cm de longitud en cuatro puntos: dos en la cabeza, detrás de la cofia, y otras dos, una en cada lado, a la altura del dobladillo de la manga.

85

Este es el resultado final de nuestro trabajo.

Los patrones de estos dos motivos decorativos
se encuentran en la hoja 2, cara 2.